倒•叙◦日◦本◦史 04

平安·奈良·飞鸟

〔日〕胧谷寿 仁藤敦史＝著
韦平和＝译

创于1897 商务印书馆 The Commercial Press
2018年·北京

目　录

平安：藤原氏为什么一直独掌大权？

奈良·飞鸟：迁都造就的古代国家

平安：藤原氏为什么一直独掌大权？

胧谷寿　著

前　言

先说出结果，然后以追溯历史的形式，探寻其原因。用这种方法阅读平安时代的历史尚属首次，令人耳目一新。尽管起初有些不知所措，对中岛太郎导演的提议，一直犹豫不决，我仍然录制了四次节目。最终，我感觉以往模糊不清的历史逐渐变得清晰了，对这个时期的历史有了系统的了解。每次录制都是在野外，天气寒冷，有时甚至冻得连话也说不出来。

自京都成为王城之地，一直到武家时代到来之前的400年中，藤原摄关家一直领导着日本的贵族社会，长期掌控朝政大权，因此本书尝试专门描述藤原摄关家的历史。当年，藤原道长仰望着皎洁的月亮，吟诵道“此世即吾世”，讴歌自己的荣华。我们不能忘记，在他的背后，同样望着月亮、吟诵“无奈心忧世”的三条天皇的悲哀。

虽然这本书是我署名，但是它是通过中岛太郎导演的引导和与解说员石泽典夫先生的对话完成的一部平安时代的历史。也许可以称它为“藤原史”。我想，在它的深处汩汩流淌的正是摄关家的血液。请打开门，进入藤原史的世界吧。

胧谷寿

第一章

摄关家的危机

1156

以摄关家为首的贵族社会的领袖们作为古典文化的核心人物，渡过了一场关乎生死存亡的危机。

转折点◎保元之乱

1086年：白河上皇开始实行院政[1]

1105年：藤原忠实就任关白

转折点① **1156年：保元之乱**

1159年：平治之乱

1167年：平清盛就任太政大臣

后白河天皇的军队和崇德上皇的军队在白河北殿的门前鏖战
（摘自大都会艺术博物馆收藏《保元之乱图屏风》）

1 院政：在日本，天皇让位后作为太上皇或法皇继续处理国政的政治形态。

读藤原史，而知日本史

在平安时代，藤原氏在掌控朝政的贵族社会中掌握大权，君临天下，可谓是时代的主角。其中，称为北家的一支，是曾经吟诵“此世即吾世，如月满无缺”的藤原道长的家族。他们世代占据摄政、关白（统称摄关[1]）这两个代替和辅佐天皇执政的职位，在贵族社会中独占鳌头。

从平安时代末期到镰仓时代，武家的势力逐步兴起，朝廷、公家的影响力相对下降，使人认为武家政权夺取了统治这个国家的宝座。但是，在此之后，京都的公家社会依然存在，藤原氏继续占据摄关的职位。

许多人会感到惊讶：“镰仓时代就有藤原这个姓氏？”这也可以理解。因为人们并不使用“藤原”这个姓氏。经过长达几个世纪的发展，藤原氏已经成为一个庞大的家族，为了方便，人们开始自报家名。例如，近卫家、九条家、冷泉家、飞鸟井家，便是如此。这些称呼大约从镰仓时代开始固定，一直延续至今。镰仓时代以后，藤原氏似乎辉煌不再，之所以让人有这种印象，是因为藤原家族都有各自的家名，日常并不自报藤原这个姓氏。

1　摄关：天皇年幼时，由太政大臣代行政事称摄政。天皇年长亲政后，摄政改称关白，辅助天皇总揽政事。

藤原一族的核心人物总是侍奉在天皇的身边，参与朝政。从后来的镰仓时代、室町时代，一直到江户时代，这一点都没有发生变化。特别是，具有担任摄关、太政大臣资格的五个家族——“五摄家”（近卫、九条、二条、一条、鹰司），被视为公家社会中最高的名门，在官位、官职的等级制中级别最高。

结束战国时代、统一天下的丰臣秀吉，为了获得政权的正统性，成为前关白近卫前久的犹子（如同儿子。比收养关系要松散的关系），得到了关白太政大臣的宝座。虽然丰臣秀吉事实上已经执掌朝政，但是为了取得公家社会中地位最高的“名”，仍然需要与藤原氏建立关系。

从7世纪一直到现代，藤原氏的历史长达1300年以上。即使说追寻藤原氏的漫长历史几乎等于追寻有史以来的日本史，也不夸张。而且，在藤原氏的历史中，几乎集中了天皇家和朝廷，亦即公家政权的所有重大事件。

新的政治制度——“院政”

藤原氏为什么能够长期对历史产生巨大的影响？本书将一边追溯平安时代的历史，一边探寻它的根源。在第1章中，我们将聚焦于平安时代末期，这是藤原氏的政治权力走到历史的十字路口的一个时期。

这个时期的一个转折点是1156年（保元元年）发生的保元之乱。这是由天皇家与摄关家（藤原氏）双方的分裂和对立引发的一场内乱，毫无疑问是一起成为政治体制的分水岭的事件。以这场内乱为契机，武家在政治上的发言权得到了飞跃性的提升，而公家的影响力则逐渐下降。藤原氏因这场内乱而面临危机，但是仍然勉强保持摄关家的地位。那么，我们首先看一看，一直到保元之乱之前的院政时期，藤原氏在新兴的政治势力面前逐步陷入困境的过程。

藤原氏迎来鼎盛时期，是在被称为“御堂关白”的藤原道长的时期。藤原道长掌握了朝政大权，享尽荣华富贵。但是，就在他吟诵“满月之歌”大约70年后，藤原道长的子孙权势衰落。其原因是1086年（应德三年）白河上皇开始实行院政，亲掌国政。

所谓院政，是指天皇退位后，成为太上天皇，即上皇（又称“院”），作为天皇家（王家）事实上的主人“治天之君”[1]，监护天皇、主导国政的一种新的政治体制。实际上，在白河上皇的父亲后三条天皇时期，已经开始了院政的前期阶段。

1　治天之君：日本古代至中世时期，对不在位但掌握实权的天皇家族家督的称谓。

后三条天皇度过了长达23年的东宫[1]（皇太弟）生活以后，才即皇位，其间备受藤原氏的压迫。由于他与藤原摄关家没有直接的外戚关系，所以重用大江匡房等有学识的人作为亲信，推动脱离藤原氏的朝政，并因此而闻名。值得一提的是，后三条天皇的父亲是后朱雀天皇，母亲是皇后祯子内亲王、三条天皇的女儿。天皇的生母不是藤原氏的女儿，而是皇族的女子，这种情况继宇多天皇之后时隔整整170年后再次出现。

当然，在这个阶段，无论是后三条天皇还是他的智囊们都并不"敌视"藤原摄关家。但是不能否认，天皇开始亲政以后，摄关家的影响力便相对下降。作为后三条天皇实行的政策，影响较大的是《延久庄园整理令》。

当时，日本全国的庄园不断扩张，地方征税困难，影响国家财政。因此，每当天皇换代的时候，都会发布《庄园整理令》，限制新设庄园，清除违法的庄园，从而恢复公领地（国衙领地）、重建国家财政。后三条天皇在太政官[2]设立"记录庄园券契所"，设置专职官员，负责清理庄园的工作。有人认为，这项政策也产生了抑制摄关家势力的效果，因为摄关家通过获得庞大的庄园逐步扩大权势。

---

1 东宫：皇太子住的宫殿，借指皇太子。

2 太政官：日本律令制中最高的行政机关，设置太政大臣、左右大臣、大纳言，统辖八省以下。

后三条天皇在位仅4年半，39岁时便退位，把皇位让给当时20岁的长子、皇太子贞仁亲王。这就是白河天皇。后三条天皇成为上皇以后，设立院厅，任命掌管事务的官员，称为院司，执行上皇的家政。也有一种说法认为，当时后三条上皇想要监护白河天皇，执掌朝政。也就是说，后三条上皇试图实行后来被称为院政的政治体制。不过，后三条上皇让位不到半年便病逝了，因此其真实意图不得而知。

后三条上皇年轻时就让位给白河天皇，想必是因为他试图立白河天皇的同父异母弟弟实仁亲王为皇太子。这是怎么回事呢？因为白河天皇的生母是担任关白的藤原赖通的同父异母弟弟藤原能信的养女，所以藤原摄关家是白河天皇的外戚。实仁亲王的生母源基子是三条源氏源基平的女儿。这难道不是后三条上皇想要通过让实仁亲王即皇位，从而阻挡藤原摄关家成为外戚的道路？

这样，白河天皇很可能以实仁亲王即位之前的“过渡人物”而告终。然而，实仁亲王15岁时，因为天花而早逝。白河天皇看到机会来了，便立自己的儿子善仁亲王为皇太子，并在当天采取行动，让出了皇位。1086年，白河天皇才34岁，新即皇位的堀河天皇年仅8岁。

以往，院御所[1]一直执行上皇、女院的家政。所谓女

1　院御所：上皇、法皇、女院等住的御所。

● 白河上皇家谱图

天皇家
藤原北家
67 三条
藤原道长
源基平
祯子内亲王
69 后朱雀
藤原能信
藤原赖通
养女
源基子
71 后三条
藤原茂子
藤原师实
养女
实仁亲王
1072年 册立太子
1085年 早逝
72 白河
1072年 即位
1086年 让位
藤原贤子
实仁亲王病逝后，让位给亲生儿子
73 堀河
1086年8岁即位
开始实行院政
天皇、院
女性
摄政、关白

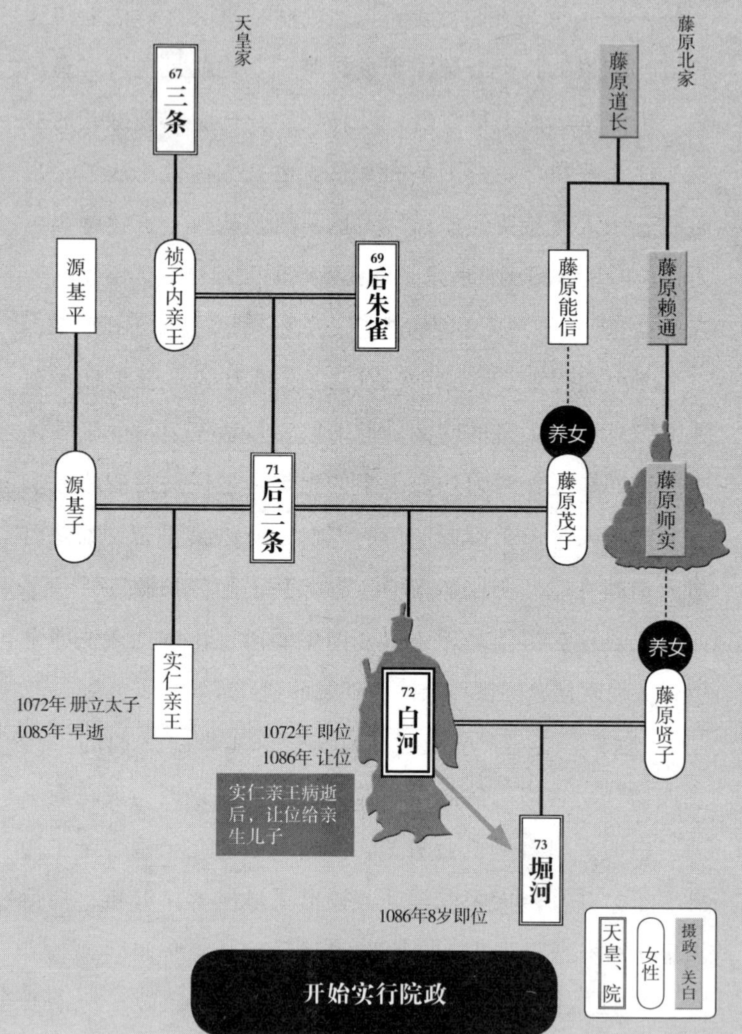

院，是对三后（太皇太后、皇太后、皇后）和享受同等待遇的准后、内亲王等女性授予的称号。但是白河上皇并非如此。他建立了一种新的体制：他把近臣和公卿聚集到院御所，与他们一起商议朝政问题，通过上皇的裁决，解决问题。只要院厅是家政机关，就不能说院政开始了。只有在白河上皇的院御所开始发挥朝廷机构的作用时，才能说院政开始了。

藤原氏实行的摄关政治，是藤原氏担任摄政、关白，拥戴天皇，由此行使权力的一种政治体制。朝政由公卿们在皇宫内列座进行商议，而不是在院御所。在这种政治体制中，藤原氏不能取代天皇。但是，在院政中，上皇（或者法皇）当过天皇，是现任天皇的直系尊亲属，再加上他的权威，地位可能在天皇之上。摄关政治需要天皇的批准，但上皇可以按照自己的意愿执行政务。因此，也经常有人指出，院政是一种恣意、专制的制度。

藤原氏一直把持着摄关的职位，阻挡在他们前面的，就是院政这个新的政治体制和创建这种制度的白河上皇（后为法皇）。

屈从于上皇

被这种院政随意摆布的，是藤原道长之后的第五代藤原忠实。1099年（承德三年，康和元年），担任关白的藤原师通去世，其子藤原忠实成为藤原氏一族的族长。当时只有22岁的藤原忠实，虽然担任了内览[1]一职，但是无法成为关白，仅仅拥有权大纳言的地位。与辅佐天皇、参加最终决策的摄政、关白不同，他较少有发言权。

藤原忠实成为藤原氏一族的族长两年后，源义亲（源义家的次子）在地方发动叛乱，藤原忠实召集公卿们商量对策。日记《殿历》记载了他的决策："应该向院禀告，然后决定怎么办。"由此可以看出，在这个时期，上皇而不是藤原忠实掌握着朝政的最终决定权。

没有摄关的状态持续了6年，一直到1105年（长治二年），藤原忠实才被任命为关白。两年后，29岁的堀河天皇驾崩，白河上皇把年仅5岁的堀河天皇的遗孤宗仁亲王推上皇位。这就是鸟羽天皇。白河上皇发布诏书，宣布由鸟羽天皇即位，进而任命与鸟羽天皇没有外戚关系的藤原忠实为摄政。由此，创造了由院决定皇位继承人的先例。

藤原忠实坐上了摄政、关白的宝座，但是此后他遇到了一件给他的命运带来巨大转变的事。鸟羽天皇是白河上皇的孙子，他向藤原忠实提出想把藤原忠实的女儿泰子纳为妃子。藤原忠实认为，这是与天皇建立外戚关系的一个

1 内览：日本古时呈送给天皇的文件先由摄政、关白等大臣阅览的政务处理方法。也指阅览文件的人。

机会，便答应了鸟羽天皇的要求。但是，这件事让白河上皇怒不可遏。原因是，他们没有事先请示上皇，便决定了天皇家的未来，也就是有关皇位继承人的事。

1118年（元永元年），白河上皇将闲院流藤原家出身的藤原公实的女儿璋子（后来的待贤门院）册立为鸟羽天皇的中宫[1]。第二年，璋子生下了显仁亲王（后来的崇德天皇）。有一种说法认为，显仁亲王真正的父亲是白河上皇。白河上皇把年幼的璋子收为养女，宠爱有加。据说，他时常将璋子终日抱在怀中，待在自己的卧室。白河上皇把显仁亲王看作皇位的唯一继承人。也许在白河上皇看来，他是治天之君，而鸟羽天皇不请示自己便让藤原忠实的女儿泰子入宫，是对其皇位继承人决定权的一种“反抗”。如果鸟羽天皇与泰子生下男孩，这个男孩就会成为一位有力的皇位候补继承人。而藤原摄关家，具体来说，藤原忠实便会成为天皇的外戚。

据说，鸟羽天皇曾称在家谱上是自己儿子的崇德天皇为“叔父”而疏远他，认为“虽然他是我的儿子，但同时也是祖父白河的亲生儿子”。这里不只是血缘问题，也有他对祖父白河上皇指定崇德天皇是天皇家的直系这件事情的不满。

1　中宫：皇后、皇太后、太皇太后三宫的总称。平安中期之后，指比皇后晚入宫的天皇的妃子，地位与皇后相同。

● 白河上皇与藤原忠实的争执

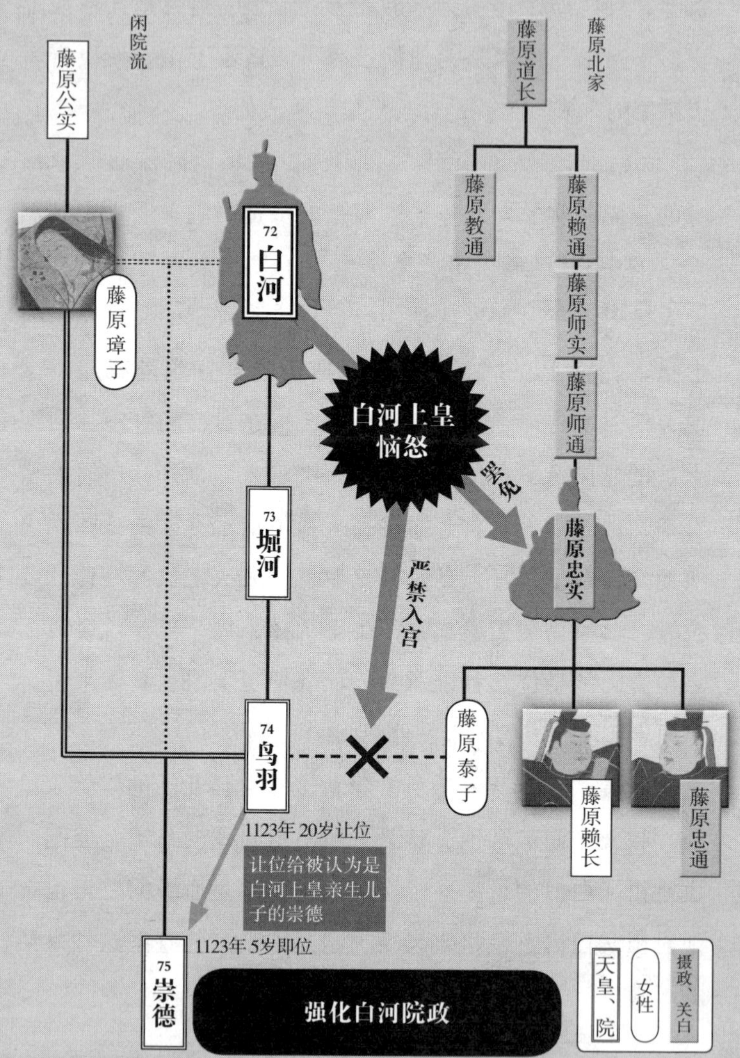

1120年（保安元年），白河上皇罢免了藤原忠实的内览职位，禁止其处理公务。所谓内览，指的是将文件呈送给天皇之前预先阅览的权限和职务，按照惯例，摄政、关白等大臣才有资格担任。罢免内览一职，事实上就是罢免了关白的职位。罢免藤原忠实后，由藤原忠实的嫡子藤原忠通担任关白。白河上皇通过罢免藤原忠实，迫使鸟羽天皇服从自己。

另一方面，藤原忠实被罢免摄关的职位以后，开始等待时机。当时，位居权大纳言的藤原宗忠在日记《中右记》中记载，藤原忠实对他说："气数已尽"。作为藤原摄关家的族长，藤原忠实被迫完全屈从于白河上皇。

这里重要的一点在于，在此以前，摄关的任命权一直由前任决定，现在则完全由上皇掌握。也可以说，继皇位继承人的决定权之后，上皇又掌握了摄关的任命权，从而掌握了朝廷的所有任命权。即使是摄政、关白，上皇也可以随意罢免。这件事使人们再次认识到上皇的权力之大。藤原忠实是创建平等院、与父亲藤原道长一起创造藤原氏鼎盛时期的藤原赖通的曾孙。为什么在仅仅四代之后，藤原摄关家与上皇的势力有了如此大的差距呢?

藤原赖通担任摄政、关白，长达51年之久。由于这个时间太长，导致他与天皇家断绝了外戚关系。藤原氏世代将女儿嫁给天皇，然后将其所生的皇子立为天皇。这样，藤原摄关家的族长作为外戚（外祖父、舅舅），便成为天皇的监护人。这是摄关政治的基础。失去了外戚身份，藤原氏随即失去了依靠，不能再担任以往由外戚担任的摄政、关白的职位。

从这个意义上说，藤原氏能否获得权力，取决于他们能否成为外戚，具有某种偶然性。藤原氏的权力比较稳定，实际上是在迎来鼎盛期的藤原赖通的时期。

藤原忠实官复原职，父子反目

白河上皇压制藤原摄关家，掌控了朝政大权以后，1123年（保安四年）年仅5岁的显仁亲王被立为皇太子，并即日被推上皇位。这就是崇德天皇。从鸟羽天皇来说，20岁就被迫退位，当然对白河上皇更加反感。

《平家物语》卷一记载了一则轶闻，据说白河上皇曾经感慨："我生平不如意之事有三：贺茂河的水、双六的骰子、延历寺的僧徒"。这是感叹鸭川的洪水、双六（赌博）的胜负、延历寺的僧兵是他不如意的事情。反过来说，除了这些之外，一切都使他称心如意。

白河上皇于1129年（大治四年），77岁时驾崩。《中右记》对居天皇之位14年、居上皇（法皇）之位43年、执掌朝政大权长达57年的白河上皇的一生，做了概括："肆无忌惮、无视法律地任命官职、授予位阶，无论是对善恶的判断，还是赏罚、对人的好恶、贫富的区分，都十分极端。另外，随心所欲地对男女施以恩宠，因此使位阶和俸禄混乱无序。”

三年后的1132年（长承元年），藤原忠实再次接到鸟羽上皇任命他为内览的院宣（上皇发出的宣旨），重新回到政界。此时距离他被罢免，已经过去了12年。翌年，藤原忠实再次让女儿入宫。鸟羽上皇迎娶藤原忠实的女儿泰子（高阳院）为妻。这次藤原家的女儿成为上皇的妻子，是一个例外。鸟羽上皇通过立泰子为皇后，回报了藤原忠实。而藤原忠实通过再次推动当初导致自己被罢免的与天皇家联姻一事，逐步恢复了对政界的影响力。

进而，藤原忠实与地方豪族联合，开始建立和扩张庄园。扩张庄园的时候，时常会引起纠纷，因此藤原忠实雇佣不断扩张势力的武士，委托他们进行管理。根据镰仓时代撰写的、流传于九州南端的大隅国的1197年（建久八年）的记录《大隅国图田帐》，可以看到藤原道长晚年建立的庄园，在藤原忠实稍后的时期，已经增加到大约1500公顷，约等于方圆4公里。

在藤原道长时期，藤原摄关家掌握了朝廷几乎所有的人事权，所以财富也自然集中到了摄关家。但是，这个时期的人事权转移到了上皇的手中。藤原忠实想必是试图通过建立和扩张庄园，进而聚集保护它们的武士，在物力方面增强藤原氏的实力。

随着一度引退的藤原忠实再次在政界扩大影响力，又掀起了新的波澜。藤原忠实有一个位居关白的嫡子藤原忠通，还有另一个儿子藤原赖长，是他被禁止处理公务期间所生。据说，藤原赖长自幼聪明好学。

藤原忠实宠爱藤原赖长，考虑让藤原赖长代替哥哥藤原忠通，成为摄关家的继承人。当初藤原忠实是被白河上皇罢免关白的职位，强制由嫡子藤原忠通代替。我们已经说过，这件事成为先例，此后摄关一职的人选由上皇决定。藤原忠实试图说服鸟羽上皇把摄关一职移交给藤原赖长，遭到了拒绝。

于是，藤原忠实于1150年（久安六年）以“摄政为天子所授，吾不得夺之。族长为吾所授，非敕宣”（《台记》）为由，剥夺了藤原忠通族长的权限，将其交给了藤原赖长。同时，他与拒绝把关白的职位让给弟弟的藤原忠通断绝了父子关系。值得一提的是，所谓族长，通常由一族中地位最高的人担任，掌管氏神[1]的祭祀，拥有推举同族的人担任从五位以下职位的权限。在律令制中，五位以上称为贵族，拥有许多特权。因此，拥有推举权的族长拥

1　氏神：一族的祖先，或受祭祀的该族的守护神。

有巨大的影响力。藤原氏的族长一直兼任族长和摄关的职位，两个职位分离是藤原摄关家的一件新鲜事，也是一个不祥事件。

这个暂且不论，藤原赖长成为族长，后来又被任命为内览。他以创造摄关政治鼎盛时期的藤原道长所推行的政治为理想，着手严肃纲纪。他异常严格，据说有贵族参加活动时迟到了，他就让人烧掉了这位贵族的宅邸。因此，人们称藤原赖长为“恶左府”，即“过于严厉的左大臣”，对他望而生畏。

另一方面，藤原忠通保住了关白的职位，但被剥夺了族长的地位。他怎么样呢？当然，他对父亲藤原忠实心怀不满，而对弟弟藤原赖长充满仇恨。所以，不言自明，贵族阶层对“恶左府”的反对与藤原忠通不谋而合。这样，藤原摄关家就形成了对立的两派，逐步发展成席卷整个贵族社会的一场斗争。

围绕皇位继承产生的对立

与此同时，天皇家发生了一场严重的纷争。鸟羽上皇在中宫璋子的血脉以及皇位继承人的问题上，对祖父白河上皇产生了反感。白河上皇驾崩后，鸟羽上皇多年的不满终于发泄出来。首先，鸟羽上皇宠爱白河上皇的第一近臣藤原显季的孙女得子（后来的美福门院），于1139年（保延五年）将二人所生的体仁亲王（后来的近卫天皇）册立为皇太子，试图由此把白河上皇决定的皇位继承人的血统（崇德天皇的血统）恢复为亲生儿子体仁亲王的直系血统。接着，于两年后的1141年（永治元年），他逼迫23岁的崇德天皇退位，从而近卫天皇诞生了。

据藤原忠通的儿子、比睿山延历寺的天台座主[1]慈圆所著的史书《愚管抄》记载，成为上皇的崇德上皇在确认册立体仁亲王为太子的宣命[2]时，注意到册立的不是自己的"皇太子"，而是"皇太弟"。通常，天皇退位后，会作为新任天皇的父亲实行院政。如果近卫天皇作为皇太弟即位，崇德上皇便成为新任天皇近卫天皇的兄长，而鸟羽上皇作为近卫天皇的父亲，仍然可以像以前一样继续实行院政。遭到"暗算"的崇德上皇对鸟羽上皇越发不满。鸟羽上皇将祖父白河上皇曾经对自己做过的事情，在他毫无顾忌地称为"叔父"的崇德上皇身上进行了报复。

另外，在政治路线方面，鸟羽上皇推行的是与白河上皇截然不同的路线。白河上皇的政治路线是，通过积极推动前一代后三条天皇以来推进的庄园清理工作，抑制以

1 座主：延历寺、金刚峰寺、醍醐寺等大寺院中总揽寺务的最高职位的僧人，一般指延历寺的天台座主。

2 宣命：日本传达天皇命令的文书之一。

藤原摄关家为首的贵族阶层的势力，稳定公领地（国衙领地）的收益。但是，鸟羽上皇宁可采取与摄关家（具体来讲是藤原忠实等人）合作的路线。结果，导致在白河上皇时期受到重用、势力不断壮大的上皇近臣、受领[1]等中下级贵族进入政界突然受阻的局面。

接着，1155年（久寿二年），被鸟羽上皇寄予厚望的近卫天皇病逝，年仅17岁。虽然藤原摄关家的藤原忠通和他的弟弟藤原赖长都已经送养女入宫，但是她们都没有生下近卫天皇的儿子。由于在这个阶段还没有决定皇太子的人选，所以谁做天皇自然就成了问题。不言自明，崇德上皇希望皇位轮到自己的儿子重仁亲王。如果从以往的情况来看，鸟羽上皇应该不会允许这种情况发生。

最后登上皇位的是鸟羽上皇与藤原璋子所生的、近卫天皇的哥哥雅仁亲王（后白河天皇）。虽然鸟羽上皇没有评价过后白河“非天皇之器”，但是想必他是为了让后白河天皇的儿子守仁亲王（后来的二条天皇）即皇位，作为“过渡”，而同意后白河天皇即位。他首先考虑的是，不能把皇位交给白河上皇指定的崇德上皇的血统。此时，鸟羽上皇与崇德上皇二人围绕皇统的对立，已经到了水火不容的地步。

1　受领：平安时代中期以后，实际赴任地的国司。

● 鸟羽院政的开启

藤原显季
藤原长实
72 白河
1129年 卒
藤原璋子
藤原得子
74 鸟羽
76 近卫
1141年 即位
3岁即位
17岁卒
75 崇德
1141年 让位
在鸟羽上皇的逼迫下，让位给近卫天皇。
77 后白河
1155年 即位
近卫天皇死后，作为“过渡”即位。
重仁亲王
78 二条
天皇、院
女性

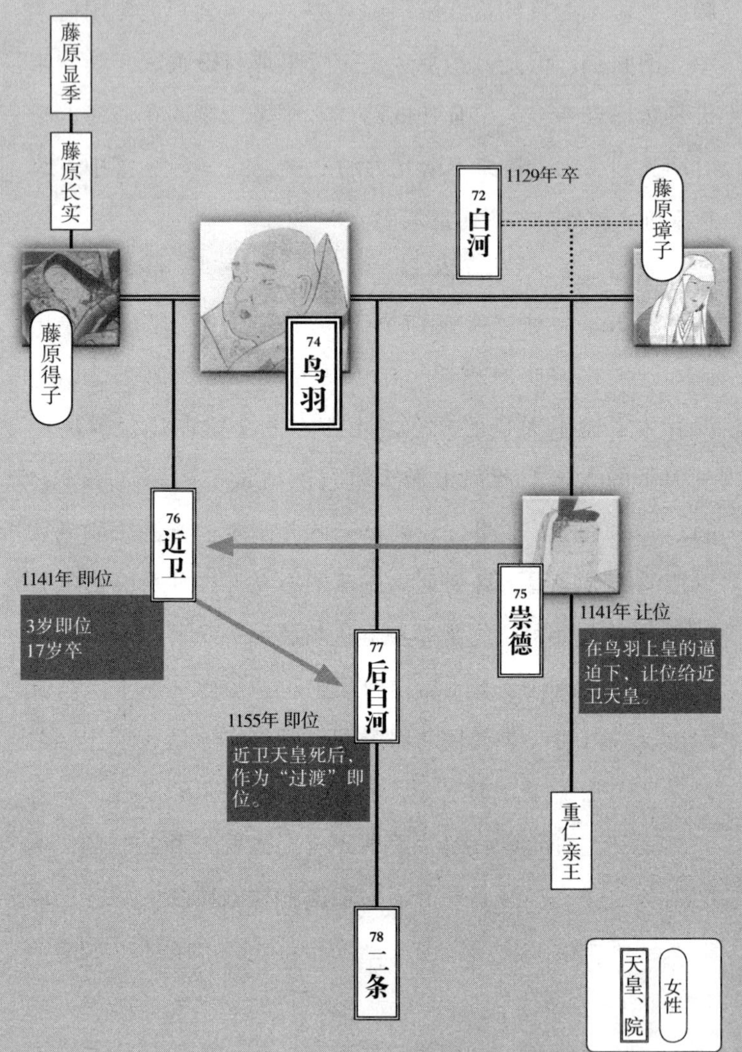

渡过保元之乱的危机

后白河天皇即位两年后的1156年，鸟羽上皇（法皇）驾崩。以此为契机，日本爆发了一场大规模的内乱，严重对立的天皇家和藤原摄关家、势力强大的武家分成两派。这就是保元之乱。

首先，失去鸟羽上皇这个最强大的后盾而陷入困境的，是藤原忠实和次子藤原赖长。反对势力不失时机地聚集武士，冲进藤原赖长的宅邸，声称发现了对后白河天皇谋反的证据，宣布流放藤原赖长。进退维谷的藤原赖长决定举兵，为了避免国贼的污名，他加入了崇德上皇一派。崇德上皇对鸟羽上皇疏远自己，让后白河即皇位心怀不满，因此决定与藤原赖长联手推翻后白河天皇，获得皇位继承权。藤原赖长和崇德上皇一方，有来自平家一门的平忠正、来自源氏一门的源为义等人支持。藤原忠实的长子藤原忠通和后白河天皇一方，则有平清盛、源义朝等著名的武将加入他们的阵营。藤原忠通和藤原赖长的父亲藤原忠实年事已高，决定不加入战斗，静观其变。这样，鸟羽上皇死后仅仅9天，保元之乱发生。

保元之乱是以京都为舞台展开的第一次内战，给贵族和京城的民众带来了巨大的震动。战斗仅仅进行了大约4个

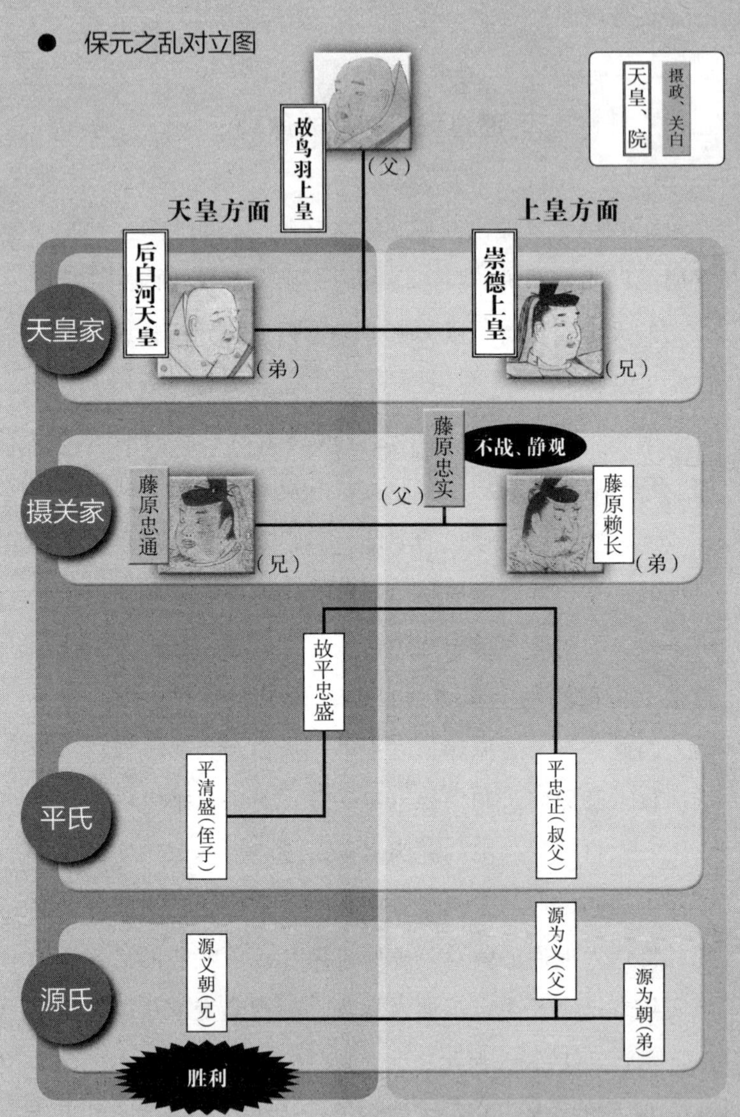
● 保元之乱对立图
天皇、院
摄政、关白
故鸟羽上皇
（父）
天皇方面
上皇方面
天皇家
后白河天皇
（弟）
崇德上皇
（兄）
藤原忠实
不战、静观
（父）
摄关家
藤原忠通
（兄）
藤原赖长
（弟）
故平忠盛
平氏
平清盛（侄子）
平忠正（叔父）
源氏
源义朝（兄）
源为义（父）
源为朝（弟）
胜利

小时，便以后白河天皇一方的压倒性胜利而告终。崇德上皇一方遭到夜袭后，全军溃败。藤原赖长的头部也负了箭伤，逃出京都。不久，逃亡中的藤原赖长派人探访当时从宇治逃到南都（奈良）的藤原忠实，要求与藤原忠实会面。

然而，藤原忠实采取的行动出人意料。虽然他曾经那样疼爱藤原赖长，但是他此时并不为二人重逢感到高兴，而是拒绝与藤原赖长会面。根据相传成书于镰仓时代的军记物语《保元物语》记载，藤原忠实当时对使者说：

> 藤原氏的族长不应当这样遭殃，被箭射中。我绝不能与如此不幸的人见面。

藤原赖长本想投奔藤原忠实，以图东山再起，结果他的希望被藤原忠实彻底粉碎。据传，藤原赖长懊悔不已，当时咬断舌尖，一口吐到了地上。

藤原忠实为什么无情地拒绝了与藤原赖长会面呢？实际上，在发生内乱4天后，藤原忠实向断绝关系的长子藤原忠通送去了一封书信。虽然这封书信没有保留下来，但内容应该是向藤原忠通说明自己没有参与谋反，将藤原赖长拥有的族长权限归还藤原忠通。结果，藤原忠实被免于问罪，摄关家的领地大部分未被没收，由藤原忠通继承，并由藤通忠通再次担任族长。

保元之乱后，藤原忠实在位于京都北部的船冈山附近的知足院度过了余生。在这里，他给后世留下了有关朝廷仪式以及贵族日常生活中的礼法等内容的记录，即所谓的“有职故实”[1]。

> 御堂入道大人（藤原道长）担任节会的负责人（仪式的主持人）时，喝浸过柿饼的酒。
>
> 这是为了传唤舍人（做杂务的下级官僚）时，声音响亮。
>
> 执笏时，以鼻子的高度为标准。但是实际上，正确的做法是以上唇的高度为标准。

藤原忠实作为典范想要流传下来的，是藤原道长等摄关家鼎盛时期的先人的教诲。藤原忠实在渡过了摄关家的危机的同时，通过传承贵族社会领袖的礼仪，使藤原氏一族没有失去存在的价值。

保元之乱后，摄关家确实失去了权力。但是，毫无疑问，藤原氏通过传承知识得以延续。而功臣正是藤原忠实。他渡过了保元之乱这场对于藤原摄关家来说最大的危机，竭尽余力，为藤原氏铺好了以后的道路。而且，在此

1 有职故实：研究历代朝廷或武士礼仪、典故、官职、法令、服饰、武器等的学问。

之后，他的子孙不受与天皇的外戚关系左右，一直继承摄关的家业。可以说，一个真正意义上的“摄关家”从此诞生了。本章开头介绍的“五摄家”，就是藤原忠实的子孙。

到现代为止，这样保存、传承的藤原氏的文化，一直作为日本的宫廷文化、贵族文化传承下来。像冷泉家的和歌、飞鸟井家的蹴鞠和书法等，作为家族的“道”而世代传承。它是当今日本文化的基础，形成了日本文化的基本框架。

以藤原氏为首的贵族延续了1000年，而藤原摄关家（五摄家）一直位居贵族之首。我想，从这个意义上说，藤原忠实是一个富有远见的人物。藤原氏和贵族的影响力下降，已经不可避免。这样的话，必须通过在文化方面发挥所长，延续家族的历史。藤原忠实面对保元之乱时，应该是这样考虑的。而这成为贵族文化在这个国家传承下来的一个重要原因。

那么，为什么藤原氏能够拥有成为贵族领袖的强大实力呢？为了探寻这一点，在下一章中，我们将追溯到创造摄关政治鼎盛期的藤原道长时期。

第二章

藤原道长的荣华

1018

“此世即吾世”——藤原道长的三个女儿都嫁给了天皇，成为皇后，藤原道长因而权倾一时，他吟诵的赞歌响彻京城的夜空。

转折点◎吟诵“满月之歌”

995年：藤原道长就任内览、藤原氏的族长

996年：长德之变

1016年：后一条天皇即位

藤原道长就任摄政

转折点② **1018年：吟诵“满月之歌”**

创造藤原氏鼎盛期的藤原道长
（摘自藤田美术馆收藏《紫式部日记绘词》）

“此世即吾世，如月满无缺”

藤原北家长期担任摄政、关白，掌握朝政大权。在第一章中，我们回顾了藤原氏在院政时期如何成功地渡过保元之乱，延续家族历史和在公家社会中的影响力。这场内乱导致了朝廷的分裂。

那么，藤原氏为什么能够爬上朝廷中实际上的最高权力者的宝座呢？为了揭开这个谜底，在第二章中，我们将追溯到藤原氏达到巅峰的藤原道长时期。

作为改变时代的转折点，我们将要关注的是1018年（宽仁二年）。这一年，藤原道长将三女儿威子嫁给了后一条天皇。10月16日威子从女御[1]升为中宫，并举行了仪式。这个时期，天皇的配偶分为几个等级：等级最高的是皇后、中宫，下面是女御，再下面是更衣，更下面是尚侍等一部分女官。

举行仪式之后，藤原道长在宅邸之一土御门第举办了宴会。席上，藤原道长吟诵了后来广为人知的和歌：

此世即吾世，如月满无缺。

1　女御：在天皇寝所侍奉的女性，身份在皇后、中宫之下，更衣之上。

同为藤原北家的成员，但与藤原道长家系不同的藤原实资，在日记《小右记》中，详细地讲述了当时的情况。

藤原道长此时达到了权力的巅峰，一时乘着酒兴，兴致颇高地召来藤原实资，告诉他说，现在我吟诵一首和歌，你来唱和。然后，说开场白道，这首和歌有些自满，但是即兴。然后，他便吟诵了上面这首和歌。

藤原实资听完，立刻回答说："这首和歌太优美了，我不知道如何唱和。大家一起吟诵这首歌吧。"这是效仿白居易的一个典故。白居易被唐代诗人元稹所作的诗所感动，一时无可唱和，于是将元稹的诗吟诵了一遍。据说，当时藤原道长并不责怪藤原实资没有唱和，而是听着参加宴会的公卿们反复吟诵自己的和歌，十分得意。

此时，藤原道长一家立了三个皇后：太皇太后（故一条天皇中宫彰子）、皇太后（故三条天皇中宫妍子）、皇后（中宫威子）。自己的女儿独占三后，达到了空前绝后的地步。

藤原道长将自己权势的巅峰比作满月，他的心境如何呢？可以想象，这是一种类似于如痴如醉的忘我境地，只有掌握了最高权力的人才能够体会。

幸运的藤原道长

但是，藤原道长原本的出身并不足以使他爬上权力的巅峰。

藤原道长生于966年（康保三年）。虽然他出生在继承摄政、关白一职的藤原北家，但是父亲藤原兼家是家中的三儿子，与兄长藤原兼通展开了激烈的权力斗争，一直到58岁高龄，才终于成为摄政。藤原兼家使摄关的地位凌驾于太政官之上，并因此而闻名。藤原道长与父亲一样，也体会到了不是长子的艰辛。他的同母兄长有藤原道隆、藤原道兼，还有同父异母的兄长藤原道纲，他的母亲是《蜻蛉日记》的作者藤原伦宁的女儿。值得一提的是，他的同母姐姐是超子（冷泉天皇的女御、三条天皇的母亲）和诠子（圆融天皇的女御、一条天皇的母亲）。

同时代（也有一种说法认为，成书于12世纪初叶）成书的、作者不详的历史故事《大镜》，记载了一则藤原道长青年时期的轶事。

有一次，父亲藤原兼家把孩子们召集到一起，称赞时任关白藤原赖忠的儿子藤原公任的人品和教养，叹息道："遗憾的是，自己的孩子中连能踩到他影子的人也没有。"听完父亲的话，两位兄长一言不发。只有藤原道长一个人争辩道："我不踩他的影子，我踩他的脸。"

还有一次，在一个令人恐惧的雨夜，花山天皇决定试一试人的胆量。藤原道隆、藤原道兼、藤原道长兄弟三人应召参加了测试，在漆黑的雨夜，走到规定的地点，再走回来。两位兄长走在路上越来越害怕，中途返回。只有藤原道长走到了大极殿，并且削下柱子的一部分带回来，留作证物。第二天，一个人把碎片与大极殿柱子的缺口进行比对，发现两者完全吻合。

再有一次，在成为关白的兄长藤原道隆的宅邸，他的儿子藤原伊周邀人举行了一场射箭比赛。藤原道长一边放箭，一边说："如果我家出天皇、皇后，就射中这支箭！"结果，一箭命中靶心。接着，他一边放箭，一边说："如果将来我成为摄关，就射中这支箭！"结果，又一箭命中靶心，使靶子几乎裂开。藤原伊周见状，不由得心生畏惧，射的箭严重脱靶。在一旁观看的藤原道隆气得脸色苍白。

《大镜》讲述的藤原道长的英勇故事是否属实，不得而知。恐怕是为了美化藤原道长不得志的青年时代，而夸张或者杜撰的。

不过，作为事实，暂且不论藤原道长作为政治家的资质如何，由于两位兄长成为他的阻碍，他几乎没有可能担任摄关。

兄长藤原道隆在父亲死后，担任摄政、关白，将女儿定子立为一条天皇的中宫，并提拔嫡子藤原伊周担任内大臣，看起来似乎巩固了权力的宝座。但是，995年（长德元年），43岁正值壮年的藤原道隆病逝。这一年瘟疫泛滥，但是一般认为，藤原道隆的死因是酗酒引起的疾病（怀疑是糖尿病）。定子生下了一条天皇的皇子敦康亲王，但这是藤原道隆死后4年的事。当时，没有后盾的皇子几乎不可能即位。躺在病床上的藤原道隆请求让嫡子藤原伊周继任关白一职，但是一条天皇没有准许，只准许在藤原道隆生病期间，藤原伊周担任与关白待遇相同的内览一职。

藤原道隆去世后，弟弟藤原道兼成为关白，但仅仅过了大约10天，也因病去世。据说，他的死因是当时流行的赤斑疮（麻疹）。进而，左大臣源重信、大纳言藤原朝光、藤原济时等人都相继去世，当时任权大纳言的藤原道长一跃而成为仅次于藤原伊周的二号人物。这个时候，藤原道兼之后关白一职的人选，集中于侄子藤原伊周和叔父藤原道长。

995年5月11日，藤原道长得到一条天皇的宣旨，被任命为内览，次月，越过藤原伊周，晋升为右大臣。正如前面所述，由于左大臣源重信去世，事实上藤原道长掌握了朝廷的最高权力。

据说，对于这次晋升，藤原道长的姐姐藤原诠子（东三条院）曾经助他一臂之力。藤原诠子一直照顾弟弟藤原道长，向自己的儿子一条天皇强烈推荐藤原道长，最后径自到他的卧室，要求重用藤原道长。藤原诠子是日本历史上的首位女院。得到女院的尊号，就是得到太上皇（院）

● 藤原道长的晋升

藤原北家
990年 卒
将关白让位于藤原道隆
藤原兼家
竞争对手
藤原兼通
64 圆融
藤原诠子
63 冷泉
藤原超子
藤原道长
藤原道兼
995年 5月8日 病逝
藤原道隆
995年 4月10日 病逝
995年 5月11日内览
995年6月 右大臣、族长
竞争对手
66 一条
67 三条
藤原伊周
藤原定子
996年 下台
狙击花山法皇 →流放
996年7月 左大臣
1016年 摄政
天皇、院
女性
摄政、关白

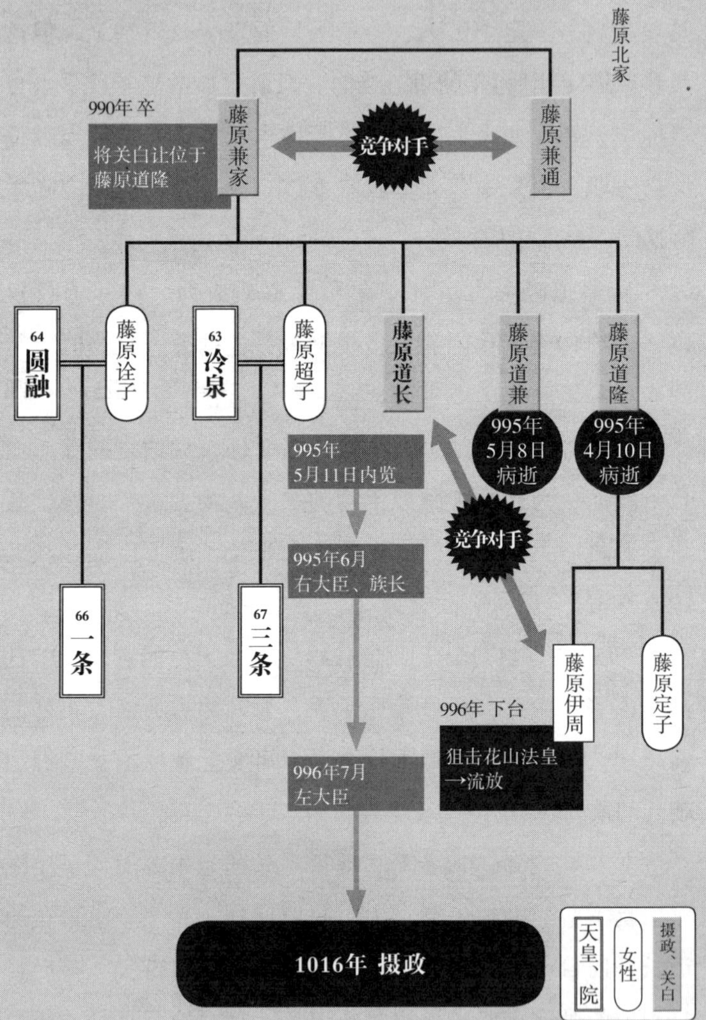

的待遇，所以这位国母对天皇家有着极大的影响。后来，国母继续给予藤原道长有力的支持。

藤原道长的幸运仍在延续。996年（长德二年），发生了一起导致他多年的竞争对手藤原伊周下台的事件。藤原伊周和弟弟藤原隆家的随从，制造了向花山法皇射箭的不祥事件。藤原伊周爱慕故太政大臣藤原为光的三女儿，而花山法皇与她的妹妹、藤原为光的四女儿来往，藤原伊周误以为花山法皇与三女儿私通。藤原伊周与藤原隆家私下商量，计划伏击花山法皇，佯装向他射箭来威胁他。但是，随从放的箭竟然射穿了花山法皇的衣袖。

藤原伊周和藤原隆家被捕，分别被贬为大宰权帅[1]和出云权守，流放九州和出云。除了向花山法皇射箭外，罪名还有诅咒藤原诠子、擅自举行只有天皇才能举行的修法“大（太）元帅法”。这一事件称为“长德之变”。

结果，权力从藤原道隆、藤原伊周（中关白家[2]）完全转移到藤原道长。看一下藤原道长掌握权力的过程，我们就会对他的幸运感到惊讶。可以说，他的确是一个幸运的人。

1　大宰权帅：日本古代大宰府的副司令官。大宰府以大宰帅为长官,大宰权帅是代理大宰帅职位的官职。

2　中关白家：对藤原北家九条流中，以平安时代中期的关白藤原道隆为祖先的这一分支的称呼，主要活动地域为平安京（今日本京都市）。

藤原道长采取的策略

长德之变后，藤原道长晋升为空缺的左大臣。成为内览、左大臣的藤原道长，名副其实地成为朝廷的最高权力者。

由于姐姐藤原诠子是一条天皇的母亲，所以藤原道长是天皇的舅舅，也就是说，处于外戚的地位。为了进一步加深与天皇家的联系，巩固权力的宝座，他制定了一个目标，那就是把自己的女儿嫁给天皇，然后将其所生的孩子推上皇位。

999年（长保元年），藤原道长将年仅12岁的长女藤原彰子送入后宫，成为一条天皇的女御。一条天皇已经将藤原道长的兄长藤原道隆的女儿藤原定子立为中宫，但是翌年，藤原道长采取措施，将藤原定子立为皇后、藤原彰子立为中宫。本来，“中宫”和“皇后”意思相同，不能出现一个天皇的皇后和中宫并立即“二后并立”的情况。也就是说，这种做法完全没有先例。但是，藤原道长不择手段地将女儿藤原彰子立为皇后。

但是，一条天皇十分宠爱藤原定子。另一方面，藤原彰子被立为中宫的时候，年仅13岁。天皇很少去藤原彰子的住处，过了五六年，还没有藤原道长所盼望的皇子出生的迹象。于是，藤原道长选拔当时宫中有名的作家、歌人[1]，后来以创作《源氏物语》而闻名的紫式部，作为藤原彰子的女官兼家庭教师。紫式部是藤原北家的藤原为时的女儿，是一名以汉文素养和诗歌才能而闻名的才女。她嫁给中层贵族藤原宣孝，并生下一女，此时正在丧夫寡居。藤原道长希望通过紫式部，使藤原彰子具有良好的教养，从而具有作为中宫的魅力，抓住一条天皇的心。

这里需要注意的是，讲到平安时代女性的魅力时，实际上容貌并不受重视。当时所谓美女的三大要素，首先是有教养。这几乎等同于能够阅读汉文。不过，即使能阅读汉文，在人前炫耀，也会被认为“不文雅”而为人不齿。第二个要素是擅长和歌。最后，是有一头长长的黑发。

其中，具有深厚的文化教养，是得到天皇乃至宫中好评的第一要素。尤其是一条天皇的教养出类拔萃，因此要使他关注藤原彰子，首先要培养藤原璋子的教养。

进一步说，对于藤原彰子来说，皇后藤原定子是她的竞争对手。藤原定子有清少纳言侍奉，后者也是著名的作家、歌人。为了与之抗衡，藤原道长选拔紫式部作为藤原彰子的教师，正好与清少纳言旗鼓相当。

从女性的角度描写同时代历史故事的《荣花物语》，

1　歌人：写作和歌的人。

记载了一则轶事。

一天，一条天皇来到藤原彰子的住处。天皇面对紫式部准备的大量奇书，对藤原彰子说："过于沉迷，就会成为不懂政治的傻瓜。但是这些书每一本都精妙绝伦。"

也许一条天皇被藤原彰子充满文化气息的环境所打动，那天以后，他开始经常到藤原彰子的住处。

当然，这是否是事实，无法考证。根据当时的"常识"，这是非常"有可能的"。

后来，藤原彰子于入宫9年后的1008年（宽弘五年），终于与一条天皇生下了藤原道长盼望的皇子。这就是后来成为后一条天皇的敦成亲王。正如前面提到的那样，一条天皇与藤原定子此时已经生下了第一皇子敦康亲王，但是由于外祖父藤原道隆去世，其继承人藤原伊周被逐出朝廷，因此失去了后盾。敦康亲王在藤原彰子身边长大，藤原道长也曾经照顾他。想必是因为他已经不会成为敦成亲王的竞争对手，也就是说，不用担心他将来继承皇位。在20岁时，敦康亲王便郁郁而终。

另一方面，盼望已久的外孙出生后，藤原道长迎来了权势的巅峰。为此，藤原道长采取了闻所未闻的策略。

首先，1011年（宽弘八年），年仅32岁的一条天皇病逝，长年位居皇太子之位的、36岁的居贞亲王即位。这便是三条天皇，而被立为皇太子的是被藤原道长寄予厚望的敦成亲王。由于三条天皇的母亲藤原超子是藤原道长的姐姐，所以三条天皇与一条天皇同样是藤原道长的外甥。

三条天皇此时已到壮年，经历了长年的皇太子时期，因而具有独立的政治意识，一心想要实现理想的政治。藤原道长把女儿藤原妍子嫁给三条天皇，再次形成“一帝二后”的异常局面。但是最终藤原妍子没有生下皇子，藤原道长转而开始希望外孙敦成亲王尽早即位。正因如此，三条天皇与藤原道长之间的关系势必充满危机。

三条天皇即位一年后，曾经对忠心耿耿的近臣透露说：“道长对我无礼太甚，令我寝食难安”。后来，他得了眼疾，视力开始衰退，进食困难。于是，藤原道长以健康为由，再三逼迫三条天皇让位。藤原实资对于藤原道长的这种态度气愤不已，在《小右记》中称藤原道长为“大不忠之人”，留下了批评他的记述。但是，这终究是日记中的事情，他似乎并没有当面反对过藤原道长。

1016年（长和五年），三条天皇以立第一皇子敦明亲王为皇太子作为条件，同意让位给敦成亲王（后一条天皇）。敦明亲王是三条天皇与故大纳言藤原济时的女儿藤原娍子所生。藤原道长此时首先考虑的是让后一条天皇即位，因此答应了这个条件。

一年后，三条上皇去世，敦明亲王突然辞去了皇太子之位。这究竟是否出于藤原道长的逼迫，不得而知，但

迎接一条天皇驾临土御门第时，亲自验看新建龙头鹢首的藤原道长
（摘自藤田美术馆收藏《紫式部日记绘词》）

是敦明亲王此后仍然享有皇太子的经济特权，度过了优游自得的一生。那么，谁坐上了皇太子的位置呢？是藤原彰子与一条天皇所生的第三皇子敦良亲王、后来的后朱雀天皇。这当然与这位天皇的外祖父、被任命为摄政的藤原道长的权势有关。

《小右记》记载了这样一件事，说明当时藤原道长威势的显赫。这一年，藤原道长的土御门第失火烧毁了。于是，治理地方的受领们抢着承担宅邸的重建工作，重建的费用也全部由他们负担和筹措。工程不分昼夜，进展迅速，两年后便告完成。并且，宅邸比以前更加富丽堂皇。

例如，受领之一摄津源氏的源赖光在宅邸烧毁10天后，便从任地赶来慰问。两年后新邸完工时，他献上了一整套家具。据《小右记》记载，礼品从源赖光的家一直排到土御门第，有“佛龛、屏风、梳妆用具、唐柜、银器、铺设、管弦乐器、剑以及其他物品”，不计其数。可见他非常想引起藤原道长的注意。说起源赖光，历史上是一个武艺高超、留下许多传说的名将。据传他曾经击败鬼怪首领酒吞童子，但他也是一个狡猾钻营的人物。

1017年（宽仁元年），已经独掌大权的藤原道长将摄政的宝座让给长子藤原赖通，于这一年的年底成为太政大臣。他往往被视为摄关政治的象征，但令人意外的是，他在一条天皇、三条天皇时期，担任了20年左大臣和内览，

● 藤原道长的外戚关系系谱图

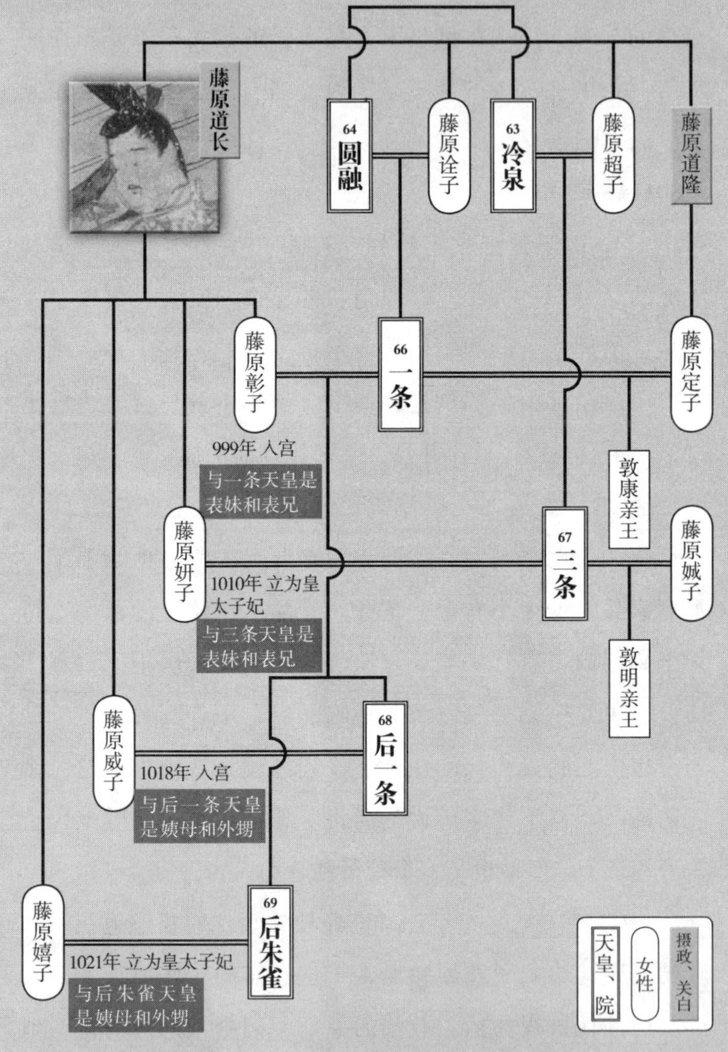

他担任后一条天皇的摄政，只有短短不足一年的时间。虽然他被后代称为“御堂关白”，但是他没有担任过关白。尽管如此，他辞去摄政后，仍然作为“老太爷”，在摄关藤原赖通的背后继续掌握无形的权力。

在最近的研究中，也有人提出了一种见解，认为正是藤原道长实行的这种“老太爷”政治，后来发展成为“院政”，即退位后的天皇，亦即“院”（治天之君）作为家长掌握政治实权的政治体制。

藤原道长辞去摄政一职以后，开始着手实现他的外戚政治。翌年，藤原道长让三女儿藤原威子入宫，嫁给了自己的外孙后一条天皇。如果藤原威子生下皇子，成为天皇，那么藤原道长家作为外戚，将能够更加长久地维持权力。一家出几代继承自己血脉的天皇——这就是藤原道长采取的令人吃惊的策略。

为什么执着于成为外戚?

三女儿藤原威子成为后一条天皇的皇后（中宫）的当天，藤原道长在庆宴上吟诵了一首和歌。这就是开头介绍的那首歌“此世即吾世”。此世为我所有，正如月圆无缺一样，无不如我所愿。这首和歌完全表达了藤原道长达到权势巅峰时的心情。

藤原道长将女儿嫁给三代以后的天皇、自己的外孙，从现在来看不可思议，在当时也是非同寻常。此后，藤原道长又将四女儿藤原嬉子嫁给敦良亲王（后来的后朱雀天皇）。藤原道长去世后，藤原嬉子生下了亲仁亲王（后来的后冷泉天皇）。由于女儿藤原妍子和三女儿藤原威子没有生下亲王，因此藤原道长最后的联姻策略把长子藤原赖通担任摄关的时间又延续了20多年，所以藤原道长的先见之明令人吃惊。姑且不论这件事，后一条、后朱雀两位天皇都是娶了自己的姨母。

即使为了两手准备而采取让姨母嫁给外甥这样的强制方法，也要让自己家尽可能长期地作为外戚维持权势，作为摄关家掌握朝政大权。这里，我们能够感受到藤原道长一种执着的想法。藤原道长认为，通过长期“处于外戚的地位”，把摄关一职留在自己家，比什么都重要。也许可以说，这种联姻政策是为了保持其地位的一种“苦肉计”。

正因如此，藤原道长把摄政让给藤原赖通以后，藤原赖通在长达半个世纪的时期内，一直担任摄政、关白一职。在我看来，藤原赖通并不特别优秀，反而是一个平庸的人。如果说他能够长时间地维持权势，完全是因为藤原道长的策略，也并不为过。

那么，为什么藤原道长如此执着于把持外戚和摄关的职位呢?

当然，出生于藤原北家的藤原道长也许与生俱来就有藤原氏的权势欲。但是，作为另一个重要的原因，我要指出的是，藤原道长身体非常病弱。从登上政权宝座前后开始，因为受到腰痛等疾病的困扰，藤原道长便把年纪尚幼的藤原赖通托付给同族的藤原行成，这也说明了他懦弱的一面。

根据精通医学史的临床医生服部敏良的研究结果（《王朝贵族的病状诊断》），藤原道长患有糖尿病、白内障、胸病等慢性病，似乎还常常受到支气管哮喘的困扰。据说，感冒、肠胃病对他而言是经常的事，一天也离不开药物。如果仔细阅读藤原道长的日记《御堂关白记》，就会注意到，即使参加重要活动等关键时刻身体尚可，一旦活动结束，他就会卧床多日。在他的日记中，这样的记述不断出现。

身体病弱，随之而来的就是对未来感到不安。正因如此，就想要未雨绸缪。在自己的有生之年，尽可能地为未来做好准备。我想，藤原道长的联姻政策正是这样一种体现。

没有藤原道长，就没有《源氏物语》的诞生?

权势登峰造极的藤原道长，随心所欲地操纵从政的上层贵族。《小右记》中有这样的记载：“右卫门督[1]以下的公卿们沦为藤原道长的随从。”实际上，为了攀附藤原道长，许多上层贵族希望与藤原道长建立姻亲关系。

当时，有四位有才能的公卿支持藤原道长的政权，称为四纳言。这就是源俊贤、藤原公任、藤原行成、藤原齐信四人。其中，源俊贤将妹妹嫁与藤原道长，其他三人将自己的女儿嫁与藤原道长的儿子，从而加强与藤原道长的关系。

另一方面，藤原道长对部下也处处给予照顾。《御堂关白记》中屡屡出现“献”字，这是表示受领们赠送给藤原道长的贡品。在日记中，藤原道长依次记下送礼人的名字和礼品内容。他应该是根据这个记录，考虑人事的安排。

在藤原道长重建宅邸土御门第的时候，赠送了家具、日常用品等大量礼品的源赖光，曾经历任美浓、伊予等重要地方的国守[2]。当时，日本全国共有68国（包括两岛），根据它们的富裕程度（纳税规模）分为大国、上国、中国、下国。谁都希望成为上国以上的受领，而进行政治活动。

藤原道长既照顾到上层贵族的利益，又照顾到治理地方的中下层贵族的利益，从而建立了一个长期稳定的政权。

---

1 卫门督：卫门府长官，设左右卫门督各一人，负责京城诸门的禁卫、出入京城的管制，类似中国清代的九门提督。另外，负责定时巡逻、检查的工作。以左卫门督为长。

2 国守：日本律令制中国司的长官。

我想，在这个意义上，藤原道长非常巧妙地运用了“胡萝卜加大棒”的政策，在人事安排上做到了量才任用。此外，作为不像掌权者的一面，藤原道长似乎具有开阔的心胸，并不把对手逼入绝境。一般认为，他在实际的执政中，实行了许多宽大的政策，很少引起他人的反感。

藤原道长的这种做法非常奏效，当他站在权力巅峰的时候，似乎已经没有与其抗衡的反对势力。在藤原道长的稳定政治下，一般公家的生活都比较富足。在这样的情况下，藤原道长把持权力未必是负面的，而是起到了正面的作用。

回顾藤原道长以前的历史，为了掌握权力，充满了斗争和阴谋。正如我们已经介绍的那样，藤原道长的父亲藤原兼家在担任摄政之前，饱尝了人生的艰辛，经历了兄弟相残的痛苦。也许目睹了这一切之后，藤原道长有了一个信念——尽量不要实行残酷无情地对待和攻击政敌的政策。

我认为，藤原道长最终创造了摄关政治的黄金时代，这对我们思考权力与人之间的关系，提出了一个非常有趣的问题。在藤原道长以后，摄关家只限于藤原道长的后代，即“御堂流”，从而确立和固定了“五摄家”。正如第一章所述，这是从藤原忠实的孙子的时期开始的。

如果视野开阔一些，日本王朝文学的开花结果也正是在藤原道长这个时期。紫式部留下了被称为世界文学史上最早的长篇小说《源氏物语》。但是，如果说没有藤原道

平安时代，权力斗争的舞台——京都御所

将藤原赖通时期的繁华保存至今的位于宇治市的平等院

长，紫式部就不可能写完这个故事，也不为过。紫式部正是通过侍奉藤原道长的女儿藤原彰子，才得以了解摄关家和天皇家的生活。《源氏物语》描述的生活方式、人际关系，紫式部正是通过这段生活经历了解的。

除此之外，我想，藤原赖通时期建造的宇治市的平等院等寺院，还有平等院凤凰堂的主佛阿弥陀如来坐像等平安时代的文化、艺术作品，都是由于藤原道长确立了安定的政治局面才得以产生，并一直流传到今天。

本章，我们回顾了藤原道长满怀热情、以执着的信念，多手准备，采取巩固外戚地位的策略，获得了摄关家的荣华富贵和绝对权力的过程。

在下一章中，为了研究藤原氏把持朝廷大权的原因，我们将追溯到藤原氏逐步排挤菅原道真等其他名门贵族的平安时代前期，把目光转向藤原北家崛起的历史。

第三章

走向大权独揽的道路

901

以“排斥异姓”这一“家传绝技”，排挤新兴贵族和名门贵族中威胁自己地位的竞争对手。

转折点◎菅原道真被贬至大宰府

877年：菅原道真就任文章博士

887年：阿衡事件

899年：菅原道真就任右大臣

转折点③ **901年：菅原道真被贬至大宰府**

（昌泰之变）

969年：安和之变

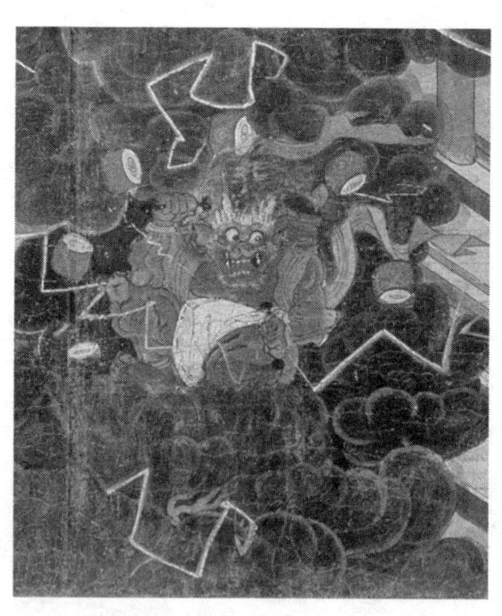

菅原道真化身为雷神的怨灵
（摘自北野天满宫收藏《北野天神缘起绘卷》）

如第二章所述，藤原摄关家的权势达到巅峰是在藤原道长时期。藤原道长通过将女儿嫁给天皇而成为外戚，并做了多手准备，不断巩固自己的外戚地位，一直稳坐权力宝座。

虽然藤原氏权高势大，将自己比作满月，但是他们在公家社会中并非一路坦途。他们进行了各种各样的权力斗争，才掌握了政治实权，逐步发展成平安时代最有权威和权力的一族。在本章中，我们将追寻藤原氏逐步走向独揽朝政大权的过程。

那么，藤原氏获得权力的方法是什么呢？那就是“排斥异姓”，也就是说，通过政治策略和谋略，把那些阻碍藤原氏的其他家族排除出权力的中心。这个过程就是权力斗争。平安时代中期，发生了多次权力斗争，最终藤原氏实现了排斥异姓的目的。其中最有名的，也许是将菅原道真贬至偏远的九州大宰府的“昌泰之变”。这里，我们把901年（昌泰四年，延喜元年）发生的这次事件作为转折点，探寻它的历史背景。

才华绝代的精英学者——菅原道真

早在794年（延历十三年）迁都平安京（京都）大约100年后，也就是10世纪初叶，藤原氏已经开始与天皇建立姻亲关系，逐渐巩固在朝廷中的地位。藤原不比等是藤原氏的始祖藤原镰足的儿子，继承了藤原氏的正支。他将女儿嫁给文武天皇，进入了权力的中心。其女儿生下的儿子是后来的圣武天皇。藤原不比等成为圣武天皇的外戚，最终掌握了强大的权力。

藤原不比等有四个儿子，形成了分别被称为南家（藤原武智麻吕）、北家（藤原房前）、式家（藤原宇合）、京家（藤原麻吕）的四个分支。不久，次子藤原房前的这一支，也就是藤原北家的子孙极其繁盛，开始担任摄政一职，代替年幼的天皇处理朝政。

另一方面，菅原道真出身的菅原氏是来自于奈良的古代豪族土师氏的一族，在门第方面，不过是中下层贵族。因此，菅原道真的出身使他没有希望爬上政界的顶点。菅原道真的曾祖父菅原古人在平安时代初期以学识渊博而著称，祖父菅原清公、父亲菅原是善都是历史上有名的学者。因此菅原氏作为学者门第，受到人们的尊敬。当然，菅原道真也以丰富的学识和杰出的才能而广为人知。

菅原道真自幼才华出众，10岁后开始接受父亲的门人岛田忠臣的教导，18岁通过文章生考试，成为文章生。所谓文章生，指的是在律令制中设置的中央官吏培养机构“大学寮”[1]学习诗文、历史的学生。文章生的名额为20

1 寮：日本律令制中附属于省的官署。

人。其中，两名成绩优秀者成为文章得业生，成为精英候补生。

文章得业生必须在7年内由文章博士推荐参加论文考试，称为“方略考试”。如果通过，最终将成为文章博士，文章博士的名额有两个。这是以成为学者为目标的贵族仕途路线。所谓文章博士，指的是大学寮的学科之一文章科（纪传道[1]）的教员。菅原道真的祖父菅原清公、父亲菅原是善都曾经是文章博士，同时升至从三位的公卿式部大辅。

菅原道真被选为文章得业生后，于874年（贞观十六年）被授予从五位下的位阶，列为贵族。877年（元庆元年），年仅33岁便成为文章博士，达到了文人最高的地位。同时，作为中央官署的官吏被任命为式部少辅，顺利地走上仕途。886年（仁和二年），被任命为赞岐守。4年后作为受领，前往赞岐国（现香川县）赴任，离开了中央。

成为转机的“阿衡事件”

然而，887年（仁和三年），发生了一起给菅原道真的命运带来重大转变的事件。当时，藤原北家的族长、担任太政大臣的藤原基经，掌控了朝廷的实权。这一年11月，

1　纪传道：日本律令制中大学的一科，教授《史记》《汉书》《文选》等。

刚刚即位的宇多天皇向藤原基经下发了一封诏书：

> 夫万机巨细，百官惣己，皆先关白太政大臣（藤原基经），然后奏下，一如旧事。

内容就是，一切政事首先通过藤原基经，然后上奏天皇。把代替天皇总揽政务、事实上最高的朝廷职位，称为“关白”，这应该是首例。实际上，在上一代光孝天皇时期，这种情况已经存在，但是这是第一次使用“关白”称呼这个职位。

宇多天皇任命藤原基经为关白，当时有个惯例，接到这样的诏书时，为了表示谦让的美德，臣下照例要表示推辞。于是，藤原基经上奏了推辞的文书。对此，宇多天皇也照例再次下诏，再次要求就任。这封诏书是时任参议、文章博士的橘广相和藤原广世所拟，里面的词句引发了问题。其中，写有“宜以阿衡之任，为卿之任”这样一句。这封诏书收录在《政事要略》一书中，该书记载了平安时代各方面的政务。

阿衡是来源于中国古典著作的一个职位，是中国古代商朝宰相的官名。根据记载，汤建立商朝后，曾任命功臣伊尹为阿衡。也许宇多天皇是将授予藤原基经的关白比作阿衡吧。但是，阿衡一词也有职权不明的名誉职位的含义。当时担任式部少辅兼藤原基经的家司[1]的藤原佐世向藤原基经进言说："阿衡，虽位高，而无职。"藤原基经认为，既然是名誉职位，处理政务便没有意义，因而拒不上朝。也就是说，他消极怠工，不再处理政务。这次政务停滞的时间长达大约一年，这一系列的骚动称为"阿衡事件"。

天皇通过左大臣源融征求学者的意见，并召来起草诏令的橘广相和藤原广世，让他们讨论阿衡到底有无职权。但是，对于藤原基经、藤原佐世的指责，没有人能够站出来进行有力的反驳。最后天皇无奈之下，以使用阿衡一词并非本意为由，收回了之前的诏令，试图平息事态。

宇多天皇在日记《宽平御记》中写道："朕终不得志，枉随大臣之请，浊世之事如此，大为可叹"，表达了屈服于藤原基经的无理要求的懊悔之情。

本来，藤原基经与宇多天皇之间并没有矛盾。反而，宇多天皇在即位时，曾经得到过藤原基经的帮助。宇多天皇对藤原基经表示感谢，并予以重用。从藤原基经一方来看，也没有敌视天皇的理由。那么，为什么事态变得如此严重呢？恐怕，藤原基经是想以阿衡事件为契机，以免关白被当作徒有虚名的名誉职位，而将它确定为掌握朝廷实

1　家司：平安时代，在亲王家、内亲王家、摄关家、大臣家、三位以上的人家掌管家政的职务。

权的重要职位，从而使获得关白这个职位的藤原氏拥有绝对的权威和权力。

另外，也许藤原基经企图以这次事件为借口，追究起草回奏的橘广相的责任，削弱他的影响力。当时，橘广相虽然是公卿的末席，却是被视为学者官员的巨头的一位重要人物。他将女儿橘义子嫁给宇多天皇作为女御，生有三位皇子。也就是说，橘广相作为外戚，有可能掌握更大的权力。而在这个阶段，藤原基经尚未成为外戚。对于他来说，橘广相无疑是一个巨大的威胁。

进一步说，这个事件的背后似乎还有学者之间的争斗。站在藤原基经一边追究问题的藤原佐世与橘广相都是菅原道真的父亲菅原是善的门生，二人是竞争对手的关系。藤原佐世属于藤原式家的一支，但这个时期藤原式家被藤原北家的气势压倒，失去了势力，所以他有可能想乘机赶走橘广相，恢复藤原式家的地位。

在这样复杂的背景下，本来以为宇多天皇收回诏令后，阿衡事件基本上就解决了。但是，藤原基经执意要求处罚橘广相，不愿恢复职位。在这场危机中起作用的，是当时担任赞岐国国守的菅原道真。

本来，菅原道真与藤原基经是关系亲密的朋友，他给藤原基经写了一封长信。信中称颂了藤原基经的品德，然后建议他改变态度。引用“阿衡”，是因为在中国古代有先例，不应该挑字眼儿，批评藤原基经的做法不妥。进而，他列举了橘广相建立的功绩，为他进行辩护，阐明这样下去将会玷污藤原氏的名声，对藤原基经不利。这封书信《奉昭宣公（藤原基经）书》也收录在《政事要略》一书中。

不知道是不是菅原道真的劝说让藤原基经有所醒悟，藤原基经决定停战，大约时隔一年后开始上朝。加上藤原基经已经将女儿藤原温子嫁给宇多天皇，双方达成和解。由此，藤原基经牢固地掌握了关白的权力。

反过来想，当时16名公卿中，藤原氏独占7名，由此可见藤原氏的权势已经达到极盛时期。而藤原基经毫无疑问是朝廷的最高权力者。与之相比，菅原道真只不过是一介地方官。如此看来，这次谏言的确是一个勇敢的举动。也许在中央时，菅原道真便以学识丰富而著称，所以藤原基经也对他倍加推崇，二人有过一定的交流吧。不难想象，菅原道真可谓是舍命相谏，使藤原基经受到了感动。

当然，我想，从藤原基经来说，宇多天皇收回了关于阿衡的诏令，为他保留了颜面。另外，送女儿进宫，他成为外戚，有了立足之处，此时正是停战的合适时机。

总之，通过这次谏言，菅原道真不再单纯是一个有学识的人，而是给人留下了铁骨铮铮的强烈印象，进而获得了宇多天皇的信任。

出身权门的藤原时平与出身寒门的菅原道真

891年（宽平三年），即宇多天皇即位的第五年，权势登峰造极的藤原基经病逝，终年56岁。藤原基经开创了藤原北家把持摄政、关白的局面，我想这值得大书特书。接着，作为新职位的关白开始掌握朝廷最高权力的一个契机，便是阿衡事件。

在这次事件之后，宇多天皇开始对大权独揽的藤原氏抱有强烈的戒心。藤原基经这个巨大的障碍去世后，天皇便考虑自己掌握政治的主导权，也就是所谓的“天皇亲政”。藤原基经的嫡子藤原时平，此时年仅21岁，刚刚成为参议。这正是一个难得的机会。

于是，天皇试图重用有力的智囊，以对抗藤原氏。此时，他想到的人就是阿衡事件中勇于谏言的菅原道真。天皇首先将从赞岐国回京不久的菅原道真提拔为藏人头[1]。此后，菅原道真不断晋升，地位仅次于藤原时平。两年后升为参议（从四位下），再两年后升为从三位中纳言，又过了两年，897年（宽平九年），升为权大纳言，晋升到与大纳言藤原时平并驾齐驱的地位。作为中等贵族出身的菅原

1　藏人头：日本宫廷负责事务管理机构的官职，仅次于别当（官职）。

氏来说，这可以说是破格晋升。

同年，31岁的宇多天皇让位于13岁的皇太子敦仁亲王，这就是醍醐天皇。宇多天皇让位时，赠给儿子醍醐天皇一本《宽平御遗诫》。这本书阐述了君主的日常生活和政治心得。其中，谈到了与菅原道真的关系：

> 菅原朝臣，乃鸿儒也。又深知政事。……朕前年立东宫之日，唯与道真朝臣一人论此事而定。……道真朝臣非唯朕之忠臣，亦为新君（醍醐天皇）之功臣。人之功不应忘。新君慎之。

内容就是说，菅原道真是一位大学者，精通政治。以前立你为皇太子的时候，我是只与菅原道真一人商量后决定的。菅原道真不仅是我的忠臣，也是你的功臣。不要忘记他的功劳，要多与他商量朝政。

宇多上皇在训戒中告诉醍醐天皇，要并用藤原时平和菅原道真二人。前者年轻但谙熟政事，后者富有学识，不仅谙熟政事，而且通晓诸事。宇多上皇的目的是，通过重用菅原道真，让他与藤原时平抗衡，天皇则在此基础上进行亲政。

醍醐天皇即位后，正如训戒中所写的那样，藤原时平和菅原道真被任命为与关白相同待遇的内览（参见第一章），次年两人分别晋升为左大臣、右大臣。

考虑到藤原时平是藤原基经的继承人，他的升迁被认为理所当然。但是对另一方菅原道真的明显优待，则引发了公卿这些上层贵族的强烈反对。像藤原氏这样的世代名门，称为“权门”，相反，像菅原氏这样门第较低的家族，则称为“寒门”。出身寒门的人升到大臣的位置，是一件闻所未闻、非同寻常的事。

898年（昌泰元年），公卿们把宇多上皇所说的“多与藤原时平、菅原道真二人商量朝政”这句话曲解为“政事只交给藤原时平和菅原道真即可”，以此为由拒绝上朝。根据菅原道真上奏上皇的奏状，据说“诸纳言等”称“奏请宣行非二臣（藤原时平和菅原道真），更无胜任”，不再上朝。菅原道真不知如何处理，与上皇商量。经过上皇调解，公卿们最终才恢复上朝。

反对菅原道真的不仅仅是公卿们这些上层贵族，之后这件事又引起了更大的波澜。900年（昌泰三年），即菅原道真升为右大臣的第二年，同为中下层贵族学者的三善清行上书菅原道真，建议他知足引退。这封书信《奉菅右相府（菅原道真）书》被收录在汉诗文集《本朝文粹》中。内容如下：

伏惟尊阁（菅原道真）挺自翰林（学问之

家），超升槐位（大臣之位）。……伏冀知其止足（身份），察其荣分……后生仰视不亦美乎。

意思是，你出身于学者之家，因天皇宠爱，升至大臣之位。倘有自知之明，辞去职位，后世的人将会称赞你。

这样，学者们也对菅原道真的破格晋升越来越反感。但是仅凭对立的情绪，当然不能打倒一个没有任何过失的人。于是，反对菅原道真的一派开始采取行动。他们有的按照当时的社会观念，批评菅原道真的晋升不符合他的身份，有的以菅原道真一直与宇多上皇秘密交流为由，妄自猜测他们在进行什么阴谋。

那么，位居公卿最高地位的另一个人藤原时平，如何看待菅原道真获得破格晋升这件事呢？必须注意的是，在门第上菅原家根本不可与藤原北家相提并论，藤原时平没有必要把菅原道真视为竞争对手。而且，藤原时平比菅原道真年轻26岁，至少在某个时期之前，藤原时平并没有把菅原道真视为竞争对手，认为他对自己有威胁。

但是，对于藤原时平来说，宇多上皇的存在不容忽视。我们已经说过，宇多上皇有一个愿望：限制藤原氏的权力，推行天皇（上皇）亲政。菅原道真也许可以被视为其中一个重要的“棋子”。宇多上皇不仅提拔菅原道真，而且提拔藤原南家的藤原保则，把藤原北家以外的势力推举到朝廷中心，以此削弱藤原北家亦即藤原时平的权力。这种举措完全领先于200年后白河上皇开启的“院政”。

菅原道真一个人并不成问题，但是，如果他与宇多上皇联合起来，那么对于藤原时平来说，便是一个不能忽视的人物。另外，菅原道真的女儿菅原衍子当时是宇多上皇的女御，另一个女儿也已嫁给齐世亲王为妃。齐世亲王的母亲橘义子是在阿衡事件中与藤原基经对立的橘广相的女儿。如果齐世亲王即位，菅原道真就成为两代天皇的外戚，橘氏也将对他采取合作的态度，这一点不难想象。

将女儿嫁给天皇，进而又将自己的女儿嫁给他的皇子。——这不是在哪儿见过的政治策略吗？对，它与第二章中藤原道长巩固外戚地位的策略非常相似。如果这样的话，即使菅原氏不至于取代藤原氏，也会有实力对藤原北家构成威胁。事已至此，藤原时平终于下决心铲除菅原道真。

“谋反”是否属实？

901年（昌泰四年）1月，醍醐天皇突然下诏，将菅原道真贬至大宰府。菅原道真被任命为大宰权帅。这虽然是大宰府的长官，但是以前曾有过先例，大臣因过失而获罪时，便被贬到大宰府做大宰权帅，因此它明显是贬职。在这种情况下，权帅只是一个虚名，并不授予职权。此事也累及菅原道真的四个儿子，菅原高视、菅原景行、菅原兼茂、菅原淳茂也被贬职。

《政事要略》收录的当时的宣命中，列举了菅原道真的“罪状”：

> 右大臣菅原朝臣出自寒门,俄上居大臣,而不知止足之分,有专权之心。

宣命指责他，虽然出自寒门，而被提拔为大臣，却不知道满足，想要独占权力。进而，怀疑他奉承、欺骗宇多上皇，企图废黜醍醐天皇，让自己的女婿齐世亲王即位。这当然是有谋反的嫌疑。

藤原时平被认为是这次事件的幕后人物。藤原时平和反对菅原道真一派的人捏造了这样的“罪状”，并让醍醐天皇相信，从而一举铲除了菅原道真。北野天满宫收藏的国宝《北野天神缘起绘卷》中记载，藤原时平当时诬陷了菅原道真。

醍醐天皇本来与父亲宇多上皇一样信任并重用菅原道真，但是他对宇多上皇通过菅原道真干预政治抱有戒心。当被暗示有人密谋威胁比什么都重要的皇位时，醍醐天皇为了斩草除根，也就只有下决心抛弃菅原道真。

● 菅原道真关系系谱图

52 嵯峨
54 仁明
58 光孝
59 宇多
60 醍醐
930年卒
61 朱雀
930年 8岁即位
源融
菅原是善
901年被贬大宰府
903年 卒
菅原道真
橘广相
对手
藤原式家
藤原北家
藤原宇合
藤原房前
藤原佐世
藤原基经
与『阿衡事件』相关的人物
藤原温子
藤原时平
909年 卒
菅原衍子
橘义子
藤原稳子
齐世亲王
女儿
源順子
藤原忠平
天皇、上皇
女性
摄政、关白

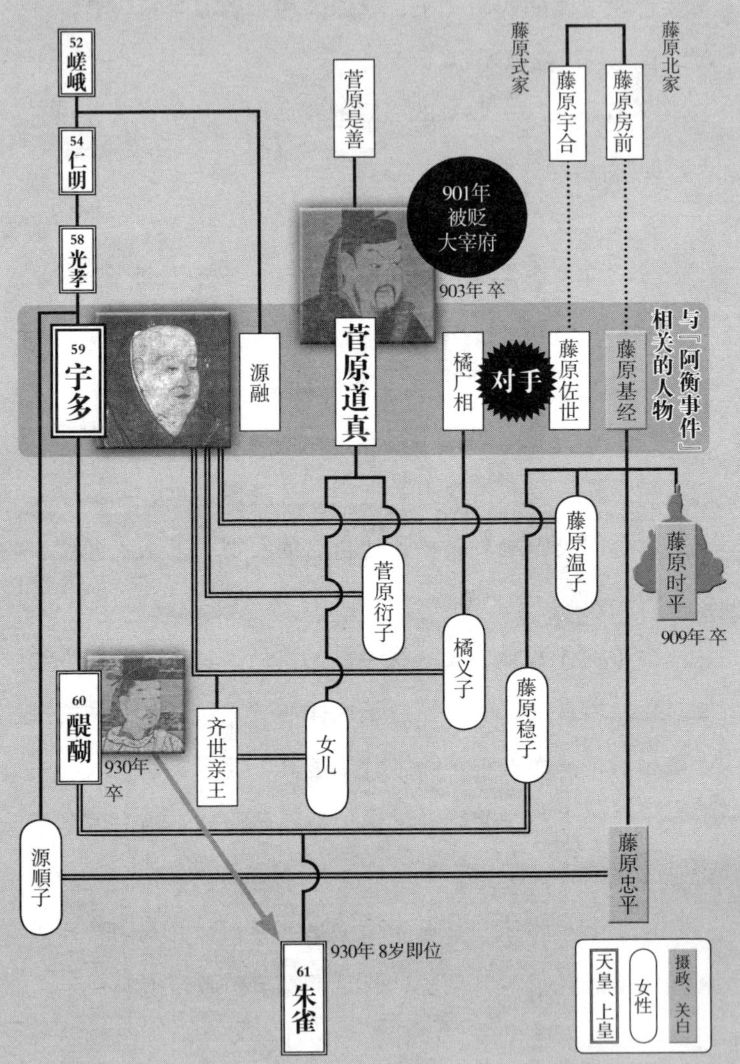

宇多上皇（此时已经出家，成为法皇）闻讯后，急忙赶到皇宫，试图说服醍醐天皇改变决定。但是，皇宫的宫门紧闭，宇多上皇被挡在宫门外，未能入内。当时，阻止宇多上皇入宫的，据传是左大弁[1]纪长谷雄，也有一种说法是藏人头藤原菅根。二人都与菅原道真关系亲密，即便如此，也不得不采取反对菅原道真的行动。这场排斥菅原道真的运动，已经形成势不可挡的局面。

菅原道真“谋反”，到底是不是事实？关于这件事，没有任何具体的证据。据被贬后的菅原道真说，他曾多次对宇多法皇说“仅奉承和之故事”。所以也有人据此将此事与藤原良房为排斥异姓而发动的“承和之变”相比，认为菅原道真与宇多法皇之间有过同样的密谋。但是，所谓“承和之故事”，一般用于怀念文雅有礼的仁明天皇在位的承和时代（834～848年），将之奉为榜样，并不能认为是表示“承和之变”。

本来，像菅原道真这样聪明的人物，应该不会明知要与掌握大权的藤原北家全面对决，而考虑废立天皇这样的事情。因此，菅原道真被赶出政界的“昌泰之变”，完全是一桩冤案，可以说是藤原氏使用“排斥异姓”这一“家

1　左大弁：日本古代律令制中左弁局的长官，相当于从四位上。当时朝廷最高组织机构的职位总称为弁官，分右弁局和左弁局，左弁局掌管中务省、式部省、治部省、民部省。

传绝技”而制造的一起事件。

菅原道真离开京都时，看着自家府第红梅殿中绽放的梅花，触景生情，留下了一首和歌：

> 若是东风吹，梅花送香来，莫言无主人，春天已不再。

意思是：如果刮起东风，梅花请你把香气送到我那里。虽然主人不在，也不要忘记春天到来。这首和歌真切地表达了菅原道真的懊悔之情。

两年后的903年（延喜三年），菅原道真未能再回到京都，在失意中死于大宰府，终年59岁。

排斥异姓的后果

菅原道真去世后，藤原时平和醍醐天皇身边接二连三发生了几件不祥的事情。社会上认为，这些都是菅原道真的怨灵在作祟。醍醐天皇为了平息这件事，于923年（延喜二十三年，延长元年）恢复已经离世的菅原道真右大臣的职位，追赠正二位的官位，收回贬职的诏书，以安抚他的怨灵。

藤原时平于909年（延喜九年）去世，终年只有39岁。

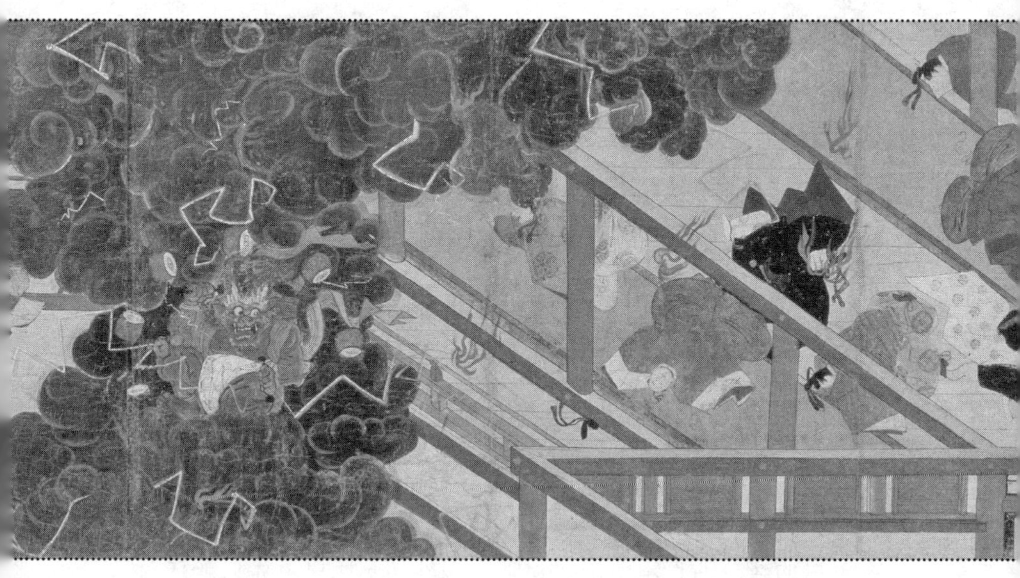

化为雷神作祟的菅原道真的怨灵。描绘930年（延长八年）6月26日落在清凉殿的雷神。（摘自北野天满宫收藏《北野天神缘起绘卷》）

醍醐天皇也于930年（延长八年）驾崩，终年也只有46岁。即使在当时，二人也是早逝。当然，这些与菅原道真的怨灵有无关系，无从证实。

从藤原氏方面来看，宇多、醍醐这两位天皇在位时期，天皇立志亲政，没有设置摄政、关白，因此可以说是“不得志”“隐忍”的时期。不设摄关的时期延续了40年之久，所以，尽管藤原北家一直位居公卿之首，但也有被迫忍气吞声的一面。

藤原时平去世后，他的弟弟藤原忠平登上政治舞台，耐心等待机会。接着，930年醍醐天皇驾崩后，他的妹妹藤原稳子所生的年仅8岁的朱雀天皇即皇位，藤原忠平成为摄政，辅佐幼帝。至此，藤原北家再次把持摄政、关白。藤原忠平在朱雀天皇成人后，就任关白。在此之前，摄政和关白的区分一直不明确。在阿衡事件和藤原忠平先后就任摄政、关白之后，二者开始区分使用。天皇年幼时，代替天皇“摄行万机”，此为摄政；而天皇成人后，辅佐天皇“关白”政务，此为关白。我们所熟悉的摄政、关白的区别，是在藤原忠平时期确定的。

但是，藤原氏排除异姓的行动并没有结束。藤原忠平的儿子藤原实赖担任关白太政大臣一职的969年（安和二年），发生了一起称为“安和之变”的事件。醍醐天皇有一个儿子，赐姓源姓，“降为臣籍”（脱离皇族，成为

● 安和之变关系系谱图

藤原北家
59 宇多
源顺子
藤原忠平
藤原时平
60 醍醐
藤原稳子
藤原实赖
藤原师辅
61 朱雀
930年
8岁即位
藤原述子
藤原赖忠
藤原安子
藤原兼家
藤原兼通
藤原伊尹
62 村上
946年
21岁即位
源高明
969年
被贬至
大宰府
女儿
63 冷泉
967年
18岁即位
为平亲王
64 圆融
969年
11岁即位
女儿
由于娶源高明的女儿为妃，不能成为皇太子，年幼的圆融被立为太子
天皇、上皇
女性
摄政、关白
藤原北家排斥异姓如愿以偿

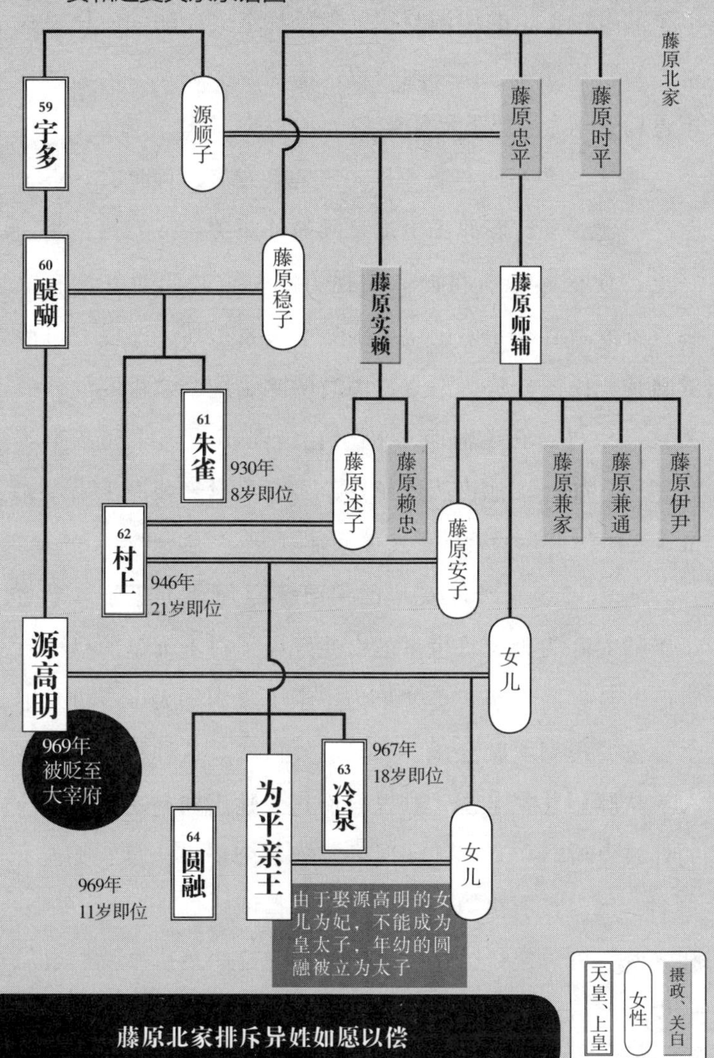

臣下的身份），名叫源高明。他是村上天皇的同父异母兄弟，当时担任左大臣，地位仅次于藤原实赖。源高明与菅原道真一样，被贬至大宰府。

本来，源高明与藤原氏一直关系友好，但是有一点，源高明建立了比藤原氏更加稳固的外戚关系。恐怕正是这一点，使得藤原氏将源高明视为威胁，开始对其抱有戒心。菅原道真与宇多上皇（法皇）关系密切，所以有可能威胁藤原氏的权势。但是，源高明除了这个“稳固的外戚关系”以外，没有任何原因会让他与藤原氏之间产生不和。尽管如此，他仍然遭到排斥。因为对于藤原氏来说，最重要、最危险的就是外戚关系。

源高明娶了藤原实赖的弟弟藤原师辅（藤原忠平之子）的女儿为妻，将生下的女儿嫁给了村上天皇的皇子、自己的外甥为平亲王。如果为平亲王成为皇太子，将来继承皇位，源高明就会成为天皇的外祖父。这种可能性非常大。从藤原北家来说，难以容许其他姓氏拥有超越藤原氏的外戚身份。“安和之变”后，18名公卿中，藤原氏占了11名，已经没有可以与藤原氏相抗衡的家族。我想，“安和之变”可以定位为藤原北家排斥异姓的最后事件、最后一步。

藤原氏在完成排斥异姓的行动后，接着转向藤原北家内部的争斗，即兄弟之间或者舅舅与外甥之间的骨肉之争。最终，藤原道长在藤原北家内部的权力斗争中获得了胜利，创造了藤原摄关家的鼎盛时期。这些我们在第二章中已经了解。

藤原氏依靠排斥异姓的手段和权力斗争的胜利，独揽了平安时代朝政廷大权。那么，作为藤原氏权力基础的摄关制——作为摄政、关白执掌政务——这种政治体制是如何产生的呢？在下一章中，我们将追溯到藤原氏作为臣子首次成为摄政的平安时代初期，重新审视藤原氏与摄关制度的问题。

第四章

摄关政治的诞生

866

无论是巩固外戚地位的策略，还是排斥异姓的阴谋，抑或是摄关政治的政治体制，全部始于藤原良房。

转折点◎应天门之变

810年：药子之变

842年：承和之变

858年：藤原良房就任实质上的摄政

转折点④ **866年：应天门之变**

藤原良房正式就任摄政

奠定藤原氏繁荣基础的藤原良房
（摘自出光美术馆收藏《伴大纳言绘词》）

在前一章中，我们以菅原道真被贬一事为例，追溯了藤原氏一边采取排斥异姓的策略，一边逐步把持摄政、关白一职的过程。

正如前一章所述，关白是辅佐天皇处理政务的职位，事实上是公家的最高职位，第一个就任关白一职的是藤原基经。另一方面，在此之前，已经有“摄政”这个职位，天皇年幼或者生病的时候，由摄政代替天皇执政。一般认为，日本第一位摄政是推古天皇时期以圣德太子而闻名的厩户皇子。圣德太子以后，有几位皇族就任摄政一职，但是从来没有臣子担任摄政的先例。

打破这种惯例，作为臣子首次担任摄政一职的，是藤原基经的养父藤原良房。在此之后，藤原氏担任摄政便成为惯例。天皇年幼时为摄政，天皇成人后任关白，继续辅佐天皇掌管政务。

因此，在本章中，我们将追溯到藤原良房时期，重新审视藤原良房取得摄政地位的过程。时代的转折点是866年给政界带来巨大震动的“应天门之变”。

在动荡的政局中崛起的藤原北家

在前一章中，我们也曾经提到，藤原氏在奈良时代末期分立为四大家族。藤原氏的始祖中臣镰足的儿子藤原不比等拥立文武天皇有功，后来将女儿藤原宫子嫁给文武天皇，并拥立生下的首皇子即位，成为圣武天皇，从而在朝廷内掌握了极大的权力。这位藤原不比等的四个儿子藤原武智麻吕（藤原南家）、藤原房前（藤原北家）、藤原宇合（藤原式家）、藤原麻吕（藤原京家）打破了以往一个家族出一位公卿的惯例，四人均名列公卿。由于同时出现四位公卿，所以分立成为四个家族。四个家族总称为“四门”或者“四家”。

在这四家中发展最晚、在平安时代以后才逐步扩大势力的是藤原北家。藤原北家也是通过与天皇家的姻亲关系获得了强大的势力，但要求建立这种姻亲关系的，并不是藤原北家，而是天皇方面。

迁都平安京15年后的809年（大同四年），桓武天皇的皇子即位。这就是嵯峨天皇。平城天皇在病中让位给弟弟嵯峨天皇。在平城天皇立为皇太子之前，发生了一起事件。当时深得桓武天皇信任的藤原式家的藤原种继被人暗杀。桓武天皇以此为借口，赶走了已被立为皇太子的弟弟早良亲王，使其气愤而死。之所以如此，是因为桓武天皇想要立自己的儿子平城为皇太子，因此早良亲王是一个障碍。据谣传，平城天皇得病，是早良亲王的怨灵作祟。

次年810年（大同五年，弘仁元年），平城上皇身体康复后，突然下诏迁都平城京（奈良），其目的是想要从弟弟嵯峨天皇手中夺回政治的主导权。

在平城上皇下诏迁都的背后，是上皇宠爱的女官藤原药子在起作用。藤原药子是藤原种继的女儿，嫁给同为藤原式家的藤原绳主，当时担任“尚侍”一职，负责天皇、上皇与公卿们的联络。藤原药子利用职权，与其兄藤原仲成在宫中专横跋扈，与平城上皇策划，计划迁都平城京。上皇下诏在旧都平城京的旧址上建造宫殿，并任命坂上田村麻吕为建造使。在这样的形势下，一部分公卿开始迁往平城京，朝廷逐渐开始混乱。当时有“两处朝廷”的说法，指的是朝廷被天皇和上皇分为两处、形成并立的状态。这种说法准确地描述了当时政界的混乱局面。

事情的本质是平城和嵯峨的兄弟之争，是支持两方的朝廷势力之间的权力斗争。平城上皇在父亲桓武天皇驾崩时，已过而立之年。但是，据说当时他捶胸顿足地号啕大哭，一周内只喝粥，不吃其他东西，行为异常。在这场权力斗争中，实际上藤原仲成、藤原药子兄妹二人掌握了主导权。

总之，嵯峨天皇看到了事态的严重性，迅速拉拢坂上田村麻吕等人，并把他派到平城京，先发制人地控制了上皇的行动。上皇得知贵族们不听从自己的命令后，剃发出家。藤原药子服毒自杀，藤原仲成也被杀害，事态得以平息。这场政治斗争史称“药子之变”，自此之后，藤原式

● 藤原四家与天皇家系谱简图

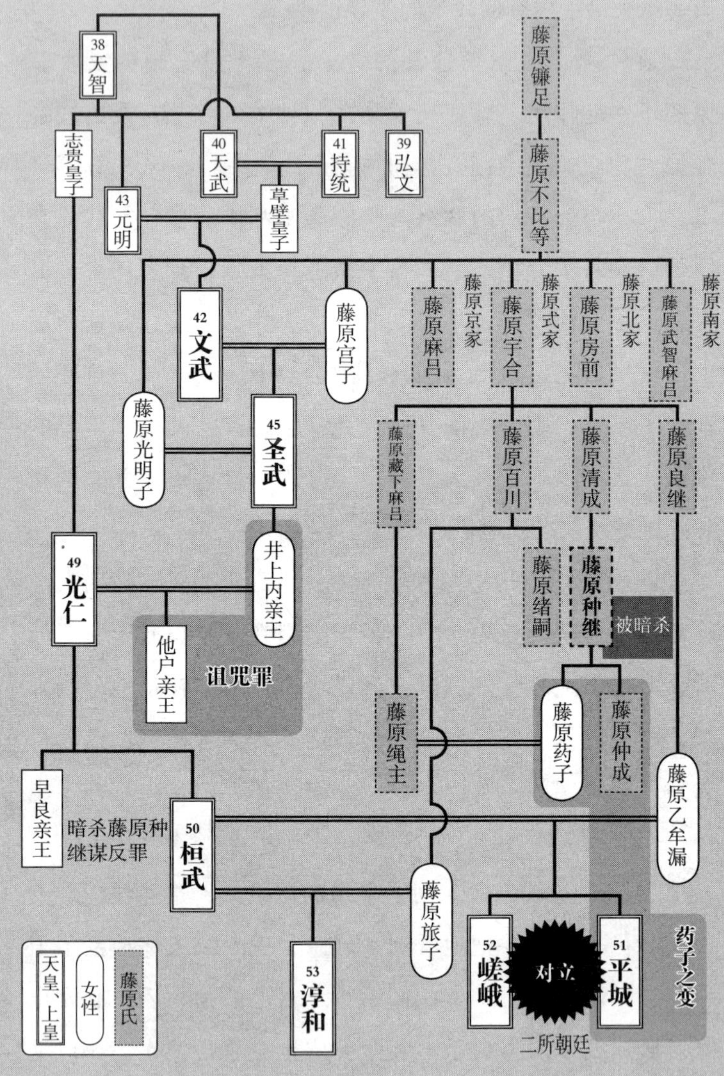

家开始衰落。

嵯峨天皇在“药子之变”之前，削弱了尚侍的权限，新设了机关藏人所，负责天皇与公卿之间的联络。担任第一任长官“藏人头”的，是藤原北家的第一代藤原房前的曾孙藤原冬嗣。嵯峨天皇任用从皇太子时期就一直侍奉自己的藤原冬嗣做相当于政府秘书长的藏人头，开始实行亲信政治。我们对这种政治制度的巨大转变，再作稍微详细一点的说明。刚才我们说过，藤原药子当时担任尚侍，“负责天皇、上皇与公卿们的联络”，此时，“奏请”（将臣子的奏章上奏给天皇）和“传宣”（将天皇的命令传达给臣子）是尚侍独有的权限。为了控制“两处朝廷”下混乱的政治局面，嵯峨天皇新设了令（律令中的令）的规定中没有的官职，即令外官职，并任命藤原良房为长官，从而将藤原药子所拥有的权限移交给了藤原良房。这是为了防止藤原药子将机密情报泄露给平城上皇，同时防止藤原药子等人擅自篡改“奏请”和“传宣”，而只让藤原冬嗣这些亲信管理情报，从而解决“两处朝廷”的问题。由此可以看出，嵯峨天皇在政治改革上的巨大决心和对藤原冬嗣的深厚信任。后来，嵯峨天皇在位时，藤原冬嗣升至左大臣，二人同心协力整顿律令和宫廷仪式，力图稳定政权。

需要注意的是，这个时候是平安时代初期，天皇的权威和权力处于非常危险的境地。围绕皇位、政治主导权，天皇家内部不断发生争斗，乃至平城与嵯峨兄弟之间产生了权力斗争。这个时期一直充满着杀机。

桓武天皇的上一代光仁天皇在位的时候，曾经发生过一起可怕的事件。皇后井上内亲王和她的儿子、被立为皇太子的他户亲王，以诅咒天皇的罪名分别被废黜皇后和皇太子之位，并于同日死于非命。桓武天皇后来多次迁都，从平城京迁都长冈京[1]，接着又迁都平安京，其背后也许有平息这种动荡局面的意图。但是，正如从“药子之变”中所见到的那样，政局一直动荡不安，无论是天皇自身还是政权，都处于非常危险的境地。

综合考虑这些时代背景，我们便会了解嵯峨天皇重用藤原冬嗣的原因。在“药子之变”中，虽然最后跟随兄长平城上皇的公卿是少数派，使事态得以平息，但皇位本身不稳固是一个事实。为了渡过这样的危机，嵯峨天皇希望有一个强大的后盾，也是理所当然。进一步说，如果当时没有大贵族的支持，他能否登上皇位还是一个问题。嵯峨天皇与藤原冬嗣之所以密不可分，的确是出于天皇方面的意愿。

1 长冈京：日本桓武天皇从平城京迁都之后、定都于平安京之前的都城。都址遗址在今京都府向日市和长冈京市一带。

藤原冬嗣与藤原良房的联姻策略

811年（弘仁二年），藤原冬嗣担任令外官职藏人头的第二年，升任参议。此后，在平安时代，担任藏人头一职是成为公卿的必要条件。10年后的821年（弘仁十二年），藤原冬嗣升任右大臣，这是其父藤原内麻吕曾经担任的职位。由于当时左大臣空缺，因此，事实上他已经高踞庙堂之巅。进而，4年后，他又升为空缺了将近半个世纪的左大臣。随着藤原冬嗣的不断晋升，藤原北家的势力迅速壮大，逐渐凌驾于其他三家之上。

藤原冬嗣的飞黄腾达当然与嵯峨天皇对他深厚的信任有关，但值得注意的是藤原冬嗣所采取的策略。与四代前的先祖藤原不比等一样，他在建立与天皇家的姻亲关系上费尽了心思。首先是要成为外戚，所以他将女儿藤原顺子嫁给嵯峨天皇的皇子正良亲王（后来的仁明天皇），生下来的皇子道康亲王便是后来的文德天皇。

更加重要的是，藤原冬嗣让儿子藤原良房娶了嵯峨天皇的皇女洁姬。这是前所未有的事。臣子娶天皇的女儿为妻，在此前的日本历史上闻所未闻，对于藤原氏是一个巨大的荣耀。而且，这件事进一步增强了藤原北家的势力。

洁姬与其他七位兄妹一起，奉父亲嵯峨天皇之命，被赐“源”姓，是降为臣籍的“赐姓源氏”的人之一。当时，为了精简不断增加的皇族和削减皇室财政的开支，采取了这种“降为臣籍”的措施，从嵯峨天皇的系谱分出的嵯峨源氏逐渐发展成一股势力。由于他们出自天皇血统、身份高贵，而且拥有天皇家赏赐的领地等，具备一定的经济实力，所以，尽管他们被降为臣籍，但一半以上都位列公卿，在朝廷内拥有强大的影响力。藤原冬嗣与其子藤原良房也主动与赐姓源氏的皇族建立姻亲关系。

通过建立这种姻亲关系，藤原北家确实飞跃性地扩大了自己的权势。然而，到了藤原良房时期，又爆发了新的权力斗争。

823年（弘仁十四年），嵯峨天皇让位给弟弟大伴亲王（淳和天皇），成为上皇，但仍然掌握大权，立自己的儿子正良亲王为淳和天皇的皇太子。833年（天长十年），正良亲王即位，成为仁明天皇以后，藤原良房计划进一步加强与天皇的姻亲关系。此时，天皇与藤原良房的妹妹藤原顺子已经生有道康亲王，所以藤原良房将来有可能成为天皇的舅舅，也就是外戚。但是，要实现道康亲王即位，有一个巨大的障碍。那就是仍在背后掌握大权的嵯峨上皇。

嵯峨上皇将自己的弟弟淳和上皇的儿子恒贞亲王选为儿子仁明天皇的皇太子。恒贞亲王与藤原良房没有外戚关系。也就是说，嵯峨上皇希望让与藤原良房没有外戚关系的、自己的侄子恒贞亲王优先继承皇位，而不是藤原良房的外甥、自己的孙子道康亲王。为了像藤原良房所希望的那样，道康亲王要成为下一代天皇，他必须取代恒贞亲王，成为皇太子。

842年（承和九年），57岁的嵯峨上皇驾崩仅两天后，发生了一起事件。伴健岑和橘逸势等人因为拥戴皇太子恒贞亲王前往关东，企图谋反，而遭到逮捕。事件是由于平城上皇的皇子阿保亲王告密而暴露的。伴健岑当时担任皇太子的警卫，因此恒贞亲王被追究责任，被废黜了皇太子之位。这一事件称为“承和之变”。

当时，藤原良房的叔父藤原爱发担任大纳言一职，由于将女儿嫁给了恒贞亲王，所以被迫下台。而担任中纳言的藤原良房取代他，升任大纳言。同时，道康亲王如藤原良房所愿，被立为皇太子。伴健岑被流放至隐岐，橘逸势被流放至伊豆。此外，中纳言藤原吉野等人也被贬职，受到处罚的相关人员多达60人。对于藤原良房来说，将有血缘关系的外甥拥立为皇太子，自己毫不费力地击败了竞争对手，获得了大纳言的职位，完全如愿以偿。

接着，藤原良房又把自己的女儿藤原明子嫁给道康亲王。850年（嘉祥三年），道康亲王即位，成为文德天皇。同年，天皇与藤原明子生下皇子（惟仁亲王）后，藤原良房又进一步采取行动。尽管文德天皇已经有三个皇子，但

● 藤原北家与天皇家系谱简图

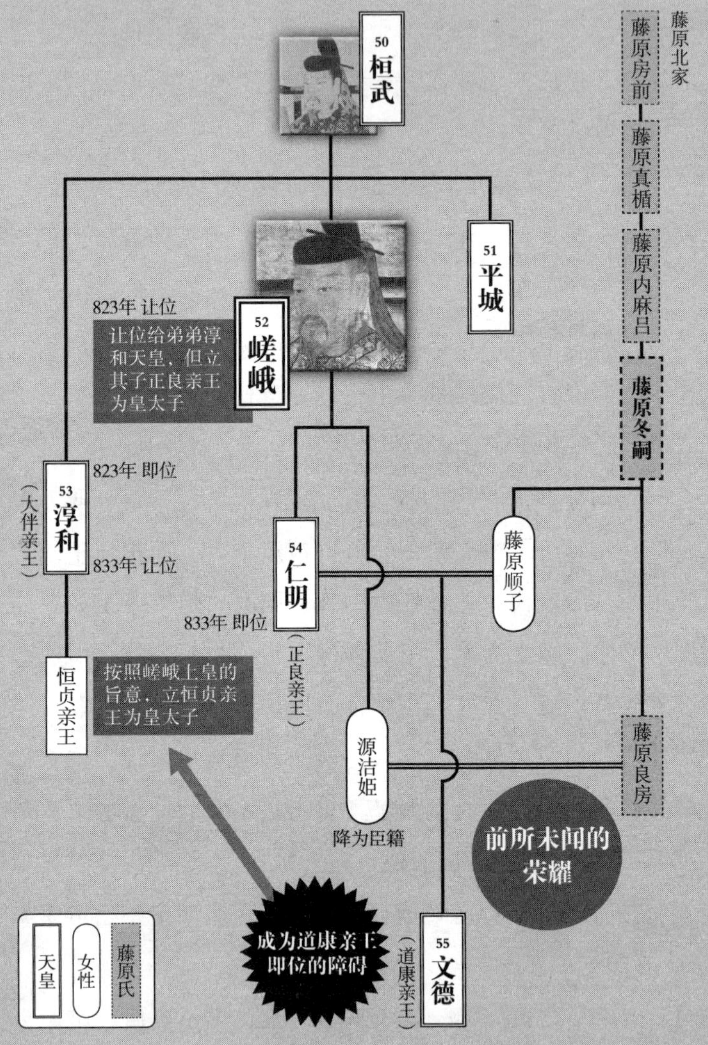

他却把出生仅8个月的惟仁亲王册立为皇太子。文德天皇的第一皇子惟乔亲王以资质优异而闻名，因此，抛开惟乔亲王而立年幼的惟仁亲王为皇太子，显然违背常理。可以说，文德天皇过于对藤原良房唯命是从。

此时担任右大臣的藤原良房在7年后的857年（天安元年），没有担任左大臣一职，而直接晋升为从一位太政大臣。从臣子升至从一位，藤原良房是进入平安时代以后的先例。除了皇族以外，从臣子升至太政大臣，只有奈良时代的藤原仲麻吕（惠美押胜）和道镜（太政大臣禅师）两人。两人在政治斗争中失败，所以通常不被视为臣子担任太政大臣的先例。这样的话，藤原良房可以被看作是臣子担任太政大臣的先例。

接着，次年858年（天安二年），文德天皇驾崩，年仅32岁。9岁的惟仁亲王自动即位，成为清和天皇。从桓武天皇到文德天皇，六代天皇的平均即位年龄为33岁。进而，即使以7世纪以后天皇的即位年龄为例，除了文武天皇15岁即位以外，其余都是25岁左右或者30岁以上。由此可见，即位时的清和天皇十分年幼。

年幼的惟仁天皇当然需要辅佐，由于父亲文德天皇已经去世，因此由外祖父藤原良房代替天皇掌握朝廷实权。这可以视为“摄行天下之政”——实质上的摄政的开始。

正如我们前面指出的那样，嵯峨天皇即位时，天皇方

● 承和之变关系系谱图

藤原北家
53 淳和
52 嵯峨
51 平城
842年 7月15日 卒
藤原爱发
大纳言下台
藤原冬嗣
阿保亲王
告密
恒贞亲王
842年 7月17日
谋反暴露 废黜太子
女儿
源洁姫
升任 大纳言
藤原良房
54 仁明
藤原顺子
842年 册立太子
纪静子
55 文德
850年 即位
藤原明子
立出生8个月的惟仁亲王为皇太子
（惟仁亲王）
56 清和
858年 9岁即位
资质优秀的第一皇子，但因藤原氏忌惮而未被立为太子
惟乔亲王
藤原良房掌握朝廷实权
天皇、上皇
女性
藤原氏

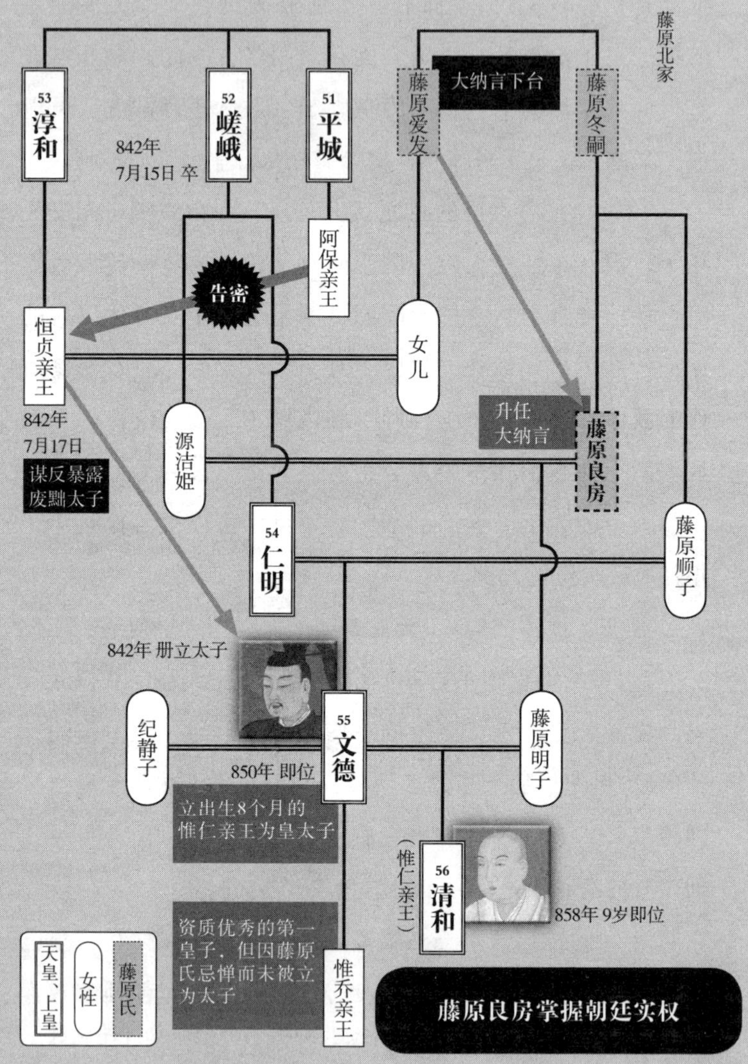

面为了得到藤原氏的支持，曾主动接近藤原氏，与之建立姻亲关系。但是，“承和之变”之后，这种关系发生了变化。藤原良房通过不断建立姻亲关系，一步一步进入天皇家。从天皇家来看，藤原良房为首的藤原北家已经获得了与其他公卿不同的特殊身份，因此他们试图得寸进尺。

有趣的是，藤原良房推进的联姻政策与第二章中的藤原道长几乎如出一辙。我想，恐怕是藤原道长学习藤原良房的先例，如法炮制，制定了自己的联姻策略。

藤原良房成为实质上的摄政后，在他执政时，政治迎来了一个表面上的太平时期。但是，在真正意义上的摄关政治开始之前，又发生了一场大的骚乱。藤原良房正式作为人臣首任摄政，是在下面介绍的“应天门之变”之后。

摄行天下之政

距“承和之变”24年后的866年闰3月10日半夜，发生了一起平安宫的八省院（朝堂院）的正门（应天门）突然起火的事件。关于这起事件，除了敕撰的正史《日本三代实录》以外，通过《大镜里书》（《大镜》的注释）、故事集《宇治拾遗物语》以及绘画作品《伴大纳言绘卷》（详细描述了从应天门起火一直到后来的故事），都可以了解当时的情况。

应天门起火后，政权的第四号人物大纳言伴善男告发，这场大火是第二号人物左大臣源信所为。伴氏就是自古以来的名门大伴氏，823年，善男13岁时，因大伴这个姓氏与淳和天皇的名字“大伴”相同，为了避讳而改称“伴氏”。

另一方面，被指证为纵火犯的源信是嵯峨天皇的皇子、被赐源姓而降为臣籍的嵯峨源氏。此时，政权的第一号人物是担任太政大臣的藤原良房。源信是仅次于他的人物。我们排一下从第一号到第四号的人物：

第一号：太政大臣藤原良房

第二号：左大臣源信

第三号：右大臣藤原良相

第四号：大纳言伴善男

那么，接受伴善男的告发，最初负责处理这起事件的是政权的第三号人物右大臣、藤原良房的弟弟藤原良相。藤原良相和伴善男没有征求藤原良房的意见，便派兵逮捕源信，包围了在家闭门不出的源信。正当藤原良相试图逮捕源信的时候，“喊停”的人出现了。此人正是政权的第一号人物藤原良房。

我们根据《大镜里书》，描述一下后来的事情经过。

藤原良相召来藤原良房的养子、继承人藤原基经，要求他前往抓捕源信。但是，藤原基经反过来质问他，太政大臣藤原良房是否知道这件事。藤原良相表示藤原良房并不知情。于是，藤原基经说，事情重大，没有藤原良房的同意不能逮捕源信。接着，藤原基经直接前往藤原良房那里，向他报告了事件的经过。藤原良房这才知道发生的事件，非常吃惊，立即上奏清和天皇：

> 左大臣（源信），陛下大功之臣也。若左大臣必应诛，老臣（藤原良房）当先伏罪。

意思是，左大臣源信对陛下是有大功的人。如果没有证据证明有罪就逮捕源信，那就让我首先伏罪。

天皇对藤原良房的话大为震惊，搁置了伴善男的告发，因而源信免于被捕。结果，政权第三号人物藤原良相陷入了困境。由于擅自派兵，藤原良相最终承担责任，离开了权力的宝座。

1100多年后的2011年，京都市中京区发掘出藤原良相的宅邸遗址。宅邸遗址出土了从外国进口的白瓷、青瓷、水晶围棋等物品，以及刻有表明天皇亲属身份的“院”字的陶器。从这些大量的出土物，我们可以推测政权的第三号人物藤原良相当时的权势。藤原良相的女儿藤原多美子是清和天皇的女御，深受天皇的宠爱。借此，藤原良相不断扩大自己的势力。对于藤原良房和养

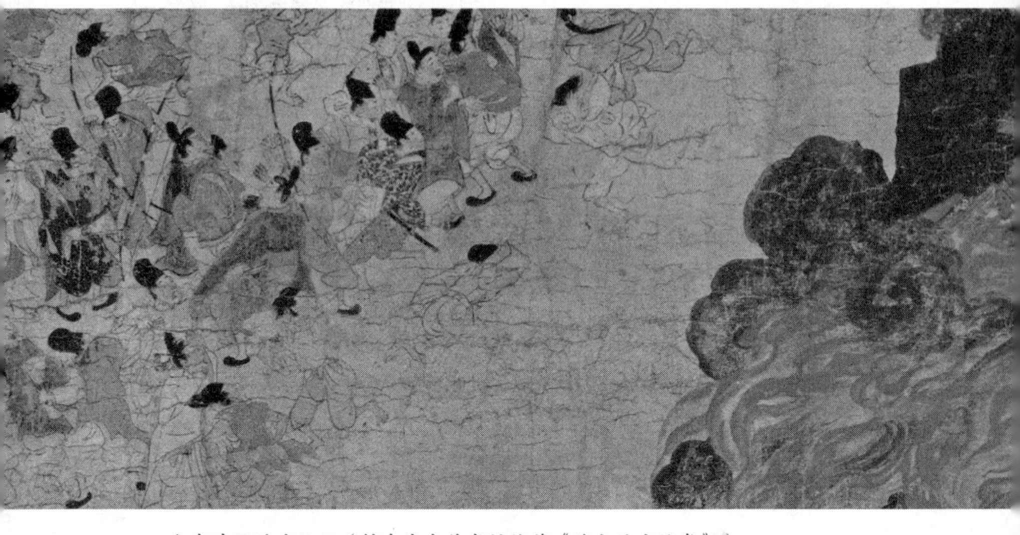

火光冲天的应天门（摘自出光美术馆收藏《伴大纳言绘卷》）

向清和天皇（左）进谏，救下源信的藤原良房（同上）

子藤原基经来说，嵯峨源氏的源信确实在朝廷中与他们争夺权势。但是，也许他们最大的竞争对手是藤原良房的弟弟藤原良相。

另一方面，被怀疑纵火的政权第二号人物源信，由于不堪屈辱，开始拒绝上朝。接着，在应天门起火5个月后，事件出现了新的进展。这一次，有目击者证实，告发“源信是纵火犯”的政权第四号人物伴善男才是真正的纵火犯，伴善男随即被捕。

政权的第二号人物左大臣拒绝上朝，第三号人物右大臣下台，接着第四号人物大纳言被捕，朝廷陷入了一场空前的混乱。在这个危急时刻，年轻的天皇能够依靠的只有一个人——那就是外祖父藤原良房。

866年8月19日，束手无策的清和天皇下诏藤原良房，令其“摄行天下之政”。

由此，日本历史上诞生了天皇家以外的、史上第一位出身臣子的摄政。至此，藤原良房成为名副其实的摄政。伴善男被流放到伊豆，在政界，藤原良房不再有竞争对手。

应天门之变的真相到底是什么？伴善男在应天门纵火了吗？或者是源信所为？或者另有其人？或者这起事件的最大受益者藤原良房才是真正的纵火犯？……记录事件的史料和研究者对此众说纷纭，莫衷一是。

如果谈我个人的意见，暂且不说是否是直接动手，

● 应天门之变关系系谱图

866年（贞观八年）闰3月10日
应天门起火
藤原北家
52
嵯峨
（大）伴家
大纳言
伴善男
源信
左大臣
源洁姬
右大臣
藤原良相
藤原长良
太政大臣
藤原良房
54
仁明
藤原顺子
8月19日，清和天皇向藤原良房下诏，诞生了第一位臣子摄政
养子
藤原基经
告发“源信是纵火犯”
出兵逮捕源信
指责未经太政大臣藤原良房同意，擅自行动
55
文德
藤原明子
藤原多美子
56
清和
藤原高子
57
阳成
出现伴善男是真正纵火犯的说法
左大臣　拒绝上朝
右大臣　下台
大纳言　被捕
天皇、上皇
女性
藤原氏

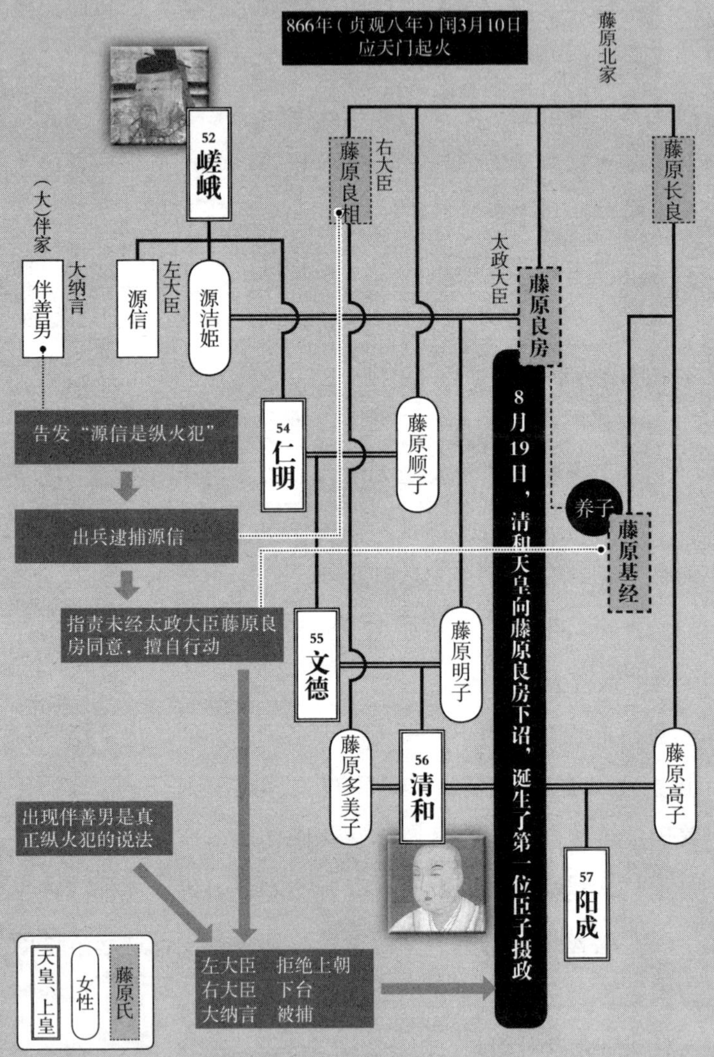

藤原良房以某种形式参与了这次事件，这一点是不难想象的。至少藤原良房巧妙地利用了这一事件，使之朝对自己有利的方向发展。从他在这一事件没有得到解决时成为摄政来看，很有可能“应天门之变”是藤原氏的又一个阴谋。

那么，为什么藤原良房能够成为以往只有皇族才能担任的摄政呢？我想应该注意到清和天皇任命摄政是一个紧急措施。对于束手无策的年幼的天皇来说，当时能够依靠的只有身经百战的外祖父藤原良房。

后来，清和天皇对藤原良房的养子藤原基经说，摄政一职“如忠仁公（藤原良房）之故事”，也就是仿照藤原良房时期的例子，由藤原基经继承。不久这种惯例形成了一种制度，摄政一职一直由藤原北家继承。但在这个阶段，藤原良房担任摄政还是一个特例。重要的是，是当时束手无策的天皇开了这个先例。当然，如果藤原氏（藤原良房）没有作为摄政代替天皇处理政务、执掌大权的准备和打算，也不会有这个先例。我想，可以认为是天皇或者天皇制面临的危机要求藤原氏作为摄政干预国政。

藤原氏能够延续千年的原因

上面，我们用四章的篇幅回顾了藤原氏一直掌握朝廷大权的过程，那么藤原氏掌握大权的根源是什么呢？

平安时代的政治趋于稳定之后，形成了国泰民安的社会状况。无论谁是天皇，都不影响政权的正常运转。可以说，天皇已经逐渐被“象征化”。从这里我们也能够理解，为什么出现了幼帝即位这种情况。藤原氏与天皇家结成姻亲关系，建立了一种稳固的政治体制。尽管把持政权的藤原北家也得到过偶然的帮助，但是他们最为巧妙地运用了联姻和排斥异姓策略。这就是事情的根源。

在第一章中，我们也提到过，后来藤原氏一直位居贵族之首，经历了千年的历史和风雨。在维护天皇及其制度框架的同时，受天皇托付的摄关家执掌朝廷实权这种独特的政治体制，微妙地改变着形式，被继承下来。我们也可以这样看：在院政时期，院亦即治天之君掌握实权；镰仓时代以后则由武家政权承担了这个角色。我想，也可以这样定位：藤原氏实行摄关制，创造了日本这种独特的政治体制的先例，并形成了它的大框架。

当然，即使在这样的历史环境下，贵族社会和律令制的官制仍然被继承下来，一直持续到近代的开端。进一步说，藤原氏的强大权力所创造的各种文化艺术——王朝文学和风俗文化——的精华作为日本文化的重要框架，直至现代都保持着它们的生命力。在某种意义上，正是因为有强大的权力，才积累了这样的文化艺术，并绵延不断地流传下来。

藤原氏的历史，尤其是本书关注的平安时代，看起来充满了权谋。但是，藤原氏并非终日沉迷于权力斗争。我们只有看到藤原氏的历史所具有的两个方面，才能找到他们延续千年的真正原因。

参考文献

全书

胧谷寿《集英社版日本历史⑥　王朝与贵族》（集英社）1991

胧谷寿《藤原氏千年》（讲谈社现代新书）1996

古濑奈津子《日本古代史丛书⑥　摄关政治》（岩波新书）2011

米田雄介《藤原摄关家的诞生——平安时代史之门》（吉川弘文馆）2002

第一章

上杉和彦《战争的日本史6 源平战争》（吉川弘文馆）2007

河内祥辅《保元之乱与平治之乱》（吉川弘文馆）2002

下向井龙彦《日本历史07 武士的成长与院政》（讲谈社）2001

美川圭《白河法皇——开辟中世的帝王》（NHK丛书）2003

元木泰雄《重读保元、平治之乱》（NHK丛书）2004

元木泰雄《日本断代史7　院政的推行与内乱》（吉川弘文馆）2002

第二章

大津透《日本历史06 藤原道长与宫廷社会》（讲谈社）2001
胧谷寿《藤原道长——男人看妻子》（密涅瓦书房）2007
山中裕《藤原道长》（吉川弘文馆）2007

第三章

川尻秋生《日本古代史丛书⑤ 平安京迁都》（岩波书店）2011
泷浪贞子《集英社版日本历史⑤ 平安建都》（集英社）1991
所功《真实的菅原道真》（临川选书）2002

第四章

仓西裕子《从古代史解开的<伴大纳言绘卷>之谜》（勉诚出版）2009
坂上康俊《日本历史05 律令国家的转变与“日本”》（讲谈社）2001
泷浪贞子《集英社版日本历史⑤ 平安建都》（集英社）1991
长野尝一《应天门失火 伴大纳言》（勉诚出版）2004

年　表

年份	日本动向	年份	世界动向
784	迁都长冈京		
794	迁都平安京		
		800	查理大帝被加冕为西罗马皇帝
		802	吴哥王朝建立
810	藤原冬嗣就任藏人头。药子之变		
842	承和之变		
		843	法兰克王国分裂为三部分，成为后来法国、德国和意大利的雏形
857	藤原良房就任身为人臣的首位太政大臣		
858	藤原良房就任实质上的摄政		
866	**应天门之变。**藤原良房正式就任摄政		
		878	黄巢起义（～884年）

884	藤原基经就任实质上的关白		
887	天皇发布诏书，任命藤原基经为关白。阿衡事件		
888	藤原基经正式就任关白		
894	菅原道真建议停止遣唐使		
899	藤原时平就任左大臣，菅原道真就任右大臣		
901	**昌泰之变（菅原道真被贬至大宰府）**		
		918	高丽国建立
		962	神圣罗马帝国建立
969	安和之变（源高明被贬至大宰府）		
		979	北宋统一战争结束
995	藤原道长就任内览、右大臣、族长		
996	长德之变（藤原伊周被贬至大宰府）		

1000	首次一帝二后（藤原定子为皇后，藤原彰子为中宫）		
1008	藤原彰子生下亲王（后一条天皇）		
1016	后一条天皇即位。藤原道长就任摄政		
1018	一家三后（太皇太后、皇太后、皇后〈中宫〉） **藤原道长吟诵“满月之歌”**		
1025	藤原嬉子生下亲王（后冷泉天皇）		
		1038	西夏王朝建立
1051	前九年之役（~1062年）		
		1054	基督教正式分裂为天主教和东正教
		1066	诺曼征服（诺曼底公爵征服英格兰）
1068	后三条天皇即位，开始亲政		

1083	后三年之役（～1087年）		
1086	白河上皇开启院政		
		1095	罗马教皇发起十字军东征
		1096	第一次十字军东征（～1099年）
1105	藤原忠实就任关白		
		1115	女真族建立金国
1120	白河法皇事实上罢免藤原忠实的关白职位		
		1127	北宋灭亡，南宋建立
1129	鸟羽上皇开启院政		
		1147	第二次十字军东征（～1149年）
1156	鸟羽法皇驾崩。**保元之乱**		
1158	后白河上皇开启院政 近卫基实（藤原忠实之孙、近卫家之始祖）就任关白		
1159	平治之乱		
		1165	南宋与金议和

1167	平清盛就任太政大臣
1186	九条兼实（藤原忠实之孙、九条家之始祖）就任摄政

奈良・飞鸟：迁都造就的古代国家

仁藤敦史　著

前　言

本书根据日本NHK电视台于2012年3月分四次播出的《倒叙日本史·奈良时代和飞鸟时代："都城"形成的古代国家》撰写而成。

在节目筹备的过程中，我与导演藤波重成先生进行了多次讨论，从中受到了许多启发。后来，在节目录制前以及录制现场与解说员石泽典夫先生的愉快对话，也使我受益良多。正是在这样的过程中，我们的节目内容越来越具体化。尤其是导演藤波重成提出了一些问题，例如，现代官僚制度的功过，地震灾后重建中应该如何进行新的城市建设，等等。通过与这些现代的社会问题进行比较，本书一边追溯历史，一边思考古代"都城"。通过这种方法，我深刻体会到了国家领导者存在的必要性和明确目标的重要性。

古代都城的建设体现了统治者的理念和世界观，正如朱雀大路、宫殿那样，都具有明显的中心性。通过反复迁都，古代国家逐渐地完善起来。在古代，“移动的都城”最终变成“固定的都城”。那么，为什么平安京会成为固定的“千年之都”呢？希望通过本书，读者能够找到这个问题的答案。

仁藤敦史

第一章

圣武天皇：走向“大佛开眼”仪式的道路

752

经过“彷徨的5年”，首都平城京发生巨大的转变，成为天皇专制的佛都。

转折点◎举行“大佛开眼”供养仪式

729年：长屋王之变

740年：迁都恭仁京

745年：还都平城京

转折点① **752年：举行“大佛开眼”供养仪式**

佛都平城京的象征——东大寺卢舍那佛金铜像（大佛）

从“移动的都城”到“固定的都城”

无论是当今还是过去，世界各国都有各自的“首都”，但是，这些城市并不仅仅是行政功能完备、文化设施集中、人口密度大的地区。例如，以日本为例，现在的东京或者明治时代以前的江户或者平安时代的京都，就是如此。从这些例子我们可以看出，城市是一个国家的象征，换句话说，也是一个微型的国家。

那么，是谁创造了这样的城市呢？就是这个国家的领导者。因此，我经常这样想，所谓城市，就是这个国家的领导者的“理念”“理想”的一种体现。

例如，想向民众展现自己什么样的权威？或者，想要采取什么样的统治形式？另外，想要如何向其他国家宣传自己？将这样的理念用可见的形式形成一定的结构，我想这种行为就是城市建设。

所以，我们将以“城市建设”为关键词，描述从7世纪至8世纪，即从飞鸟时代到奈良时代，这个国家的原型是如何形成的。

“城市建设”，更具体地说，“迁都”在古代日本是一个非常重要的关键词。为什么呢？这是因为，以前每当日本天皇换代的时候，都要迁宫，而且似乎每逢这个时候都会更新统治理念。在持统天皇的“藤原京”（694年）以前，天皇换代的时候，必定迁移、新建王宫。历史上将之称为“历代迁宫”。

迁都（迁宫）是执政者理念的体现，同时也是一种政治探索。如果从这一点考察历史，我们便能够充分理解，我们目前的这个社会经历了怎样的发展历程。

尽管计算的方法有所不同，但是在7世纪到8世纪的大约200年中，日本总共进行了十几次迁都（迁宫）。大约每隔10年、20年便会迁都，可以说，迁都相当频繁。最后，诞生了“千年之都”——平安京。因此，所谓日本的历史，在某种意义上也可以说，是从“移动的都城”向“固定的都城”发展的历史。

本章中，我们将看一看平安京以前日本古代文化发祥地之一的城市“奈良都”，也就是“平城京”和城市建设的关键人物圣武天皇的统治情况。

圣武天皇与他的时代

说起平城京，大家会联想到什么呢？恐怕会联想到奈良的大佛，还有兴福寺、元兴寺、药师寺这些著名的寺庙，或者东大寺的修二会等具有1000多年历史的佛教活动吧？正是如此。我想，即使现在，人们对平城京最深的印象恐怕就是“佛都”了。但是，并不是平城京当初建成的时候就是这样，而是中期的领导人圣武天皇引入佛教作为精神支柱，重建平城京以后的事。奈良大佛是作为城市的象征而建造的。

再进一步说，将佛教确定为“镇护国家”的宗教，也是圣武天皇。现在说起日本，会给人一种佛教国家的强烈印象，佛教似乎已经成为日本的主要宗教，但并非最初就是如此。在圣武天皇之前，虽然佛教深受一部分氏族的尊崇，但是没有在民众中传播。在全国范围内推广佛教的，正是圣武天皇。

以“取水”的习俗而闻名的修二会，是东大寺一年一度的法事活动。在这个仪式上，僧侣首先要宣读圣武天皇的名字。由此可见，对于东大寺乃至古代城市平城京来说，圣武天皇是一个十分重要的人物。

那么，圣武天皇是一个什么样的人呢？我们结合他即位时的时代背景，来谈一谈。

圣武天皇在即位前称为“首皇子”，出生于8世纪之初的701年（大宝元年）。父亲是文武天皇，母亲是藤原不比等的女儿藤原宫子。值得一提的是，就在同一年，藤原不比等的女儿、后来嫁给圣武天皇而成为皇后的光明皇后（光明子）也出生了。出生的地方是曾祖母持统天皇建造的藤原京。

圣武天皇的曾祖父天武天皇在位时，掌握了朝廷的大权。天武天皇去世后，他的妻子持统天皇登上皇位（690年）。此后的一段时期，这个国家出现了多位女天皇执掌朝廷大权的局面。

持统天皇之后，文武天皇即位，但于25岁时去世。这个时候，首皇子才8岁。因此，文武天皇的母亲、持统天皇的妹妹元明天皇登上皇位。据传，躺在病床上的文武天皇再三恳求自己信任的母亲继承自己的皇位，所以其母即位是遵照他的遗志。从藤原京迁都至平城京，是元明天皇在位的710年（和铜三年）。

后来元明天皇并没有把皇位直接传给首皇子，而是于715年（灵龟元年）让位给自己的女儿、圣武天皇的姑母元正天皇。关于没有直接将皇位传给圣武天皇的原因，元明天皇曾经说，首皇子“年齿幼稚，未离深宫”（年纪还小，需要在后宫受到庇护），而元正却“早适祥符，夙彰德音”（从年轻时就具有君主的资质，已经受到众人称赞），因此希望元正当天皇。

也许有人会想，尽管“年齿幼稚”，但当时首皇子已经15岁，曾有比他更年幼的天皇即位，因此15岁不是已经具备条件了吗？但是，让年仅几岁的幼儿登上皇位，是平安时代以后的事情。这种情况下，按照法律和先例，由摄政、关白执掌朝政大权，并不需要天皇亲自执政。这个时候，一般认为年长的人，最好是40岁以上的人当天皇比较理想。而当时的元正天皇是36岁。

话题似乎有点偏离主题，关于这个时期女天皇比较多的原因，人们往往用“过渡”论（男性世袭即位是正统，而女天皇即位是特例）加以说明，但我认为并非如此。

本来，古代日本不只尊重父系，同样尊重母系。正如当时的法律律令允许女天皇即位（《后嗣令》），与现代社会不同，女性成为天皇不是禁忌。因此，当有望成为天皇的皇子不到适龄的时候，辅佐上一代天皇，在宫廷管理上经验丰富、众望所归，有助于皇权稳定，受到群臣拥护的皇女成为女天皇，是一个积极的选择。尤其是在没有直系男子的情况下，圣武天皇的女儿孝谦天皇即位，这一情况就无法用“过渡”论来说明，因此需要考虑当时并不把男子世袭视为绝对的系谱意识。冰高内亲王（元正天皇）当时未婚，也并不是因为早已决定她要成为女天皇，而是起因于一个制度性问题。那就是，禁止皇族女性与外部通婚，而是通过近亲结婚维护高贵的血统。当时，她应该也有成为伊势斋王[1]的可能性。

另外，由于篇幅有限，在这里不能详细地说明一件事。持统、文武、元明、元正四位天皇执政的时候，在背

1　伊势斋王：指在伊势神宫出任巫女的未婚内亲王和女王,代表日本皇室侍奉天照大神。

● 圣武天皇关系系谱简图

天智天皇
藤原镰足
持统天皇
天武天皇
大友皇子
藤原不比等
元明天皇
草壁皇子
藤原宫子
文武天皇
元正天皇
藤原光明子
圣武天皇
天皇
女天皇
女性
藤原氏

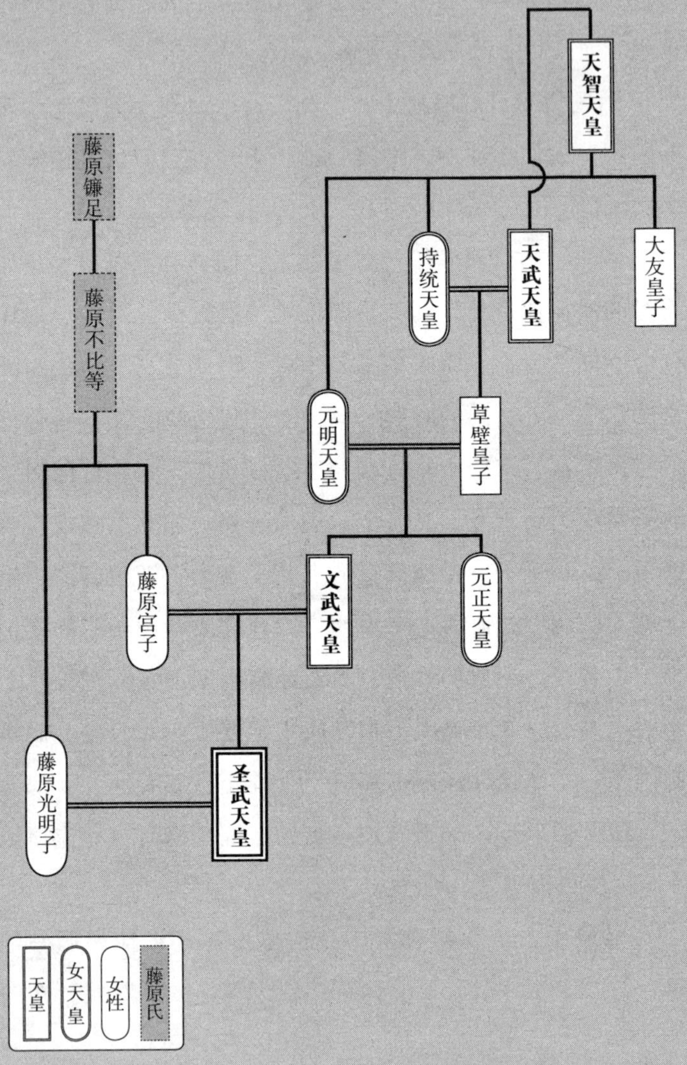

后支持他们的人是藤原不比等。在藤原不比等的支持下，天皇完成了许多大事，例如制定《大宝律令》，铸造、发行货币“和同开珎”，迁都平城京，编纂《古事记》《风土记》《日本书纪》。由于藤原不比等势力强大，因此，在他去世后，政局发生了动荡，数年后即位的圣武天皇不得不面临困难的局面。

另一方面，关于藤原不比等，人们经常谈论的是，他将自己的两个女儿（藤原宫子、藤原光明子）送入后宫，然后，让她们生下的孩子即位，成为下一代天皇，从而实现了家族的繁荣。藤原宫子成为文武天皇的皇妃，她的儿子（首皇子）后来成为圣武天皇。藤原光明子成为圣武天皇的皇后，她的女儿（阿倍内亲王）后来成为孝谦天皇。藤原光明子也是皇族以外，第一个成为皇后的人。藤原不比等通过这种联姻策略，开创了藤原氏的繁荣局面。这是事实。但是，对于以藤原不比等、藤原氏为主要人物，将全部的历史都从藤原氏的角度进行解释，也就是所谓的“阴谋史观”，本人不敢苟同。我要强调的是，藤原氏是从中臣氏分离出来的一支新兴贵族，并非从一开始就有势力，而是需要以天皇为中心的皇权的提拔。

如何认识女天皇的问题？另外，如何认识藤原氏的历史意义？本人在《女皇的世纪》（角川选书）一书中，尝试从与以往不同的视角重新思考。有兴趣的读者，可以看一看。

迁都平城京最重要的目的是什么?

下面，我们对圣武天皇的首都平城京作一些说明。

说到平城京，正如“南都（710）美，宛如棋盘格”这句记忆年号的双关语[1]那样，它是一座街道纵横交错、规划整齐的条坊[2]制城市。据说，它是模仿唐朝京城长安的“都城制”而建。虽然比不上长安那样拥有百万人口的国际都市，但是当时平城京的居住人口也有10万人之多，已经是一个规模相当大的城市。

再说平城京的大体结构。它东西宽约4.3公里，南北长约4.8公里，北端正中有“平城宫”，天皇的寝宫、官厅等都集中在这里。平城京最主要的街道称为“朱雀大路”，北起平城宫南端正中的“朱雀门”，笔直向南延伸，一直到京城最南端的“罗城门”。以这条线为界，从面南背北的天皇来看，将东侧称为“左京”，西侧称为“右京”。城区呈棋盘格的形状，无论是纵向还是横向，每隔530米都有大路，东西方向（横向）的线称为“条”，南北方向（纵向）的线称为“坊”。平城京东西共有9条，左京、右

---

1 南都：指奈良，建于710年。在日语中，“南都”与“710”是谐音，故称双关语。

2 条坊：日本古代的都城制道路。由东西、南北走向的道路像棋盘格子一样区划而成。

京南北各有4坊。

平城京与唐朝长安不同的一大特点是，京城不是完全左右对称，而是在东北部分有一个4条×3坊的“外凸”，这个部分称为“外京”。具有这种突出部分的都城，即使在古代中国也看不到。至于为什么这样，我们尚不知道明确的原因。作为京城核心的平城宫也同样是东北部分向外突出，因此也许是统一这样修建的。外京以兴福寺、元兴寺等寺院相连的区域而闻名。在这个规模宏大的京城中，集中居住了皇族、贵族、官吏、商人以及平民。

本来，文武天皇时就已筹划从藤原京迁都到平城京。关于原因，有各种说法。最近，有一种说法认为，701年前往唐朝的遣唐使粟田真人在考察长安城后发现，藤原京的结构与长安城多有不同，因而立志新建一个都城，以弥补缺乏的要素。

古代中国有“天子面南”的思想，即皇帝背北，遥望南面。据此，皇宫的位置设在北端。藤原京在这方面不够完善，皇宫位于京城的中央。从长安城向南可以眺望远离京城的终南山，而藤原京总体位于奈良盆地的南端，因此南面紧挨着山脉，确实与国际标准多有不同。

但是，我认为，迁都平城京的目的不是单纯模仿长安城，最重要的目的是实行以天皇为唯一和绝对权威的律令制。

● 平城京的条坊

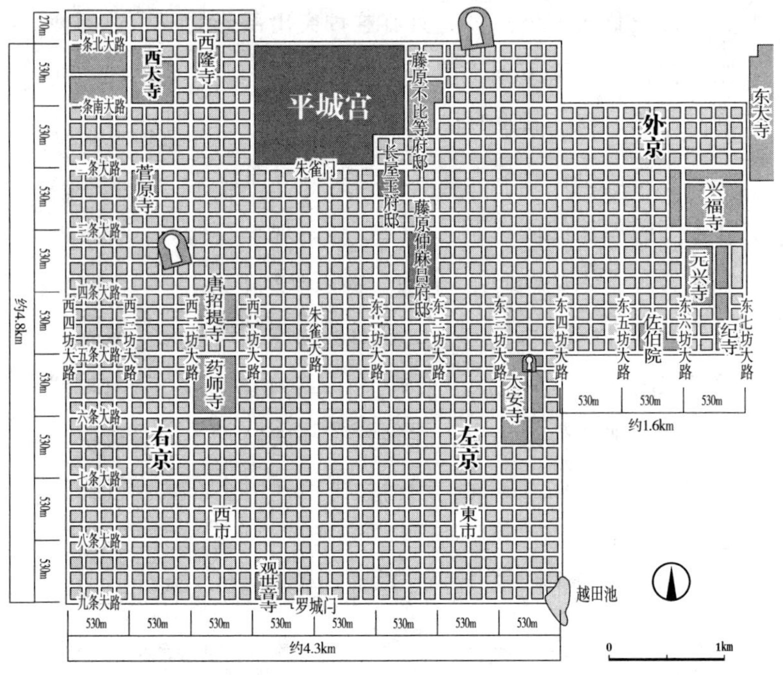

平城京东西约4.3km，南北约4.8km，左京的东北部有一个突出部分，称为外京。最主要的道路是朱雀大路，路面宽度为74m。

之所以这么说，是因为日本古代的豪族都有自己的私有土地和私有民，他们的生活相对独立。而律令制的国家则是所有的财富归天皇所有，民众作为他的臣子被纳入一元化秩序之下，被重新分配俸禄。都城采取整齐的条坊制，正是这种思想的直接体现。国家以皇宫为中心，按照官员等级的高低，以距离天皇居住的皇宫的远近，合理分配给官员们一定的住房面积。国家让一直经营农业的豪族离开自己的原籍，发给他们“代耕的俸禄”（不让官员耕作而补偿的俸禄），并在都城中适当的位置分配宅地让他们居住。对于将豪族转化为忠实的国家官员，这是一种行之有效的办法。但是，藤原京与此前的都城“倭京”，也就是飞鸟地区相连，距离豪族的地盘比较近，因此朝廷难以夺取他们的既得权益，改革无论如何都不会彻底。因此，为了打开这种局面，所以迁都平城京。这是我的看法。

这一点明确地体现在迁都平城京的诏书中“帝皇之邑”（天皇是皇宫唯一的主人）、“百官之府”（将拥有强大的地方势力的豪族集中到京城居住，使他们只依赖国家的贵族化、官员化）这些表示都城理念的词语中。作为领导者的天皇要实现这个理念，恐怕藤原京满足不了要求。关于藤原京的情况，我们将在下面的第二章中进一步详述。

但是，后来文武天皇病逝，导致计划一再拖延。一直到元明天皇即位的708年（和铜元年），元明天皇才下诏建造新都。而实际迁都则是两年之后。此后，都城的建造仍在继续，贯穿了整个和铜年间。接着，正如刚才所述，715年元正天皇即位，10年以后的724年（神龟元年），圣武天皇即位。当时，圣武天皇24岁。

大极殿与大安殿

这样，圣武天皇正式登上了历史舞台，其后统治日本长达四分之一世纪，成为奈良时代的主角。但是，圣武天皇在位期间并非一帆风顺。反而可以说“烦恼不断”，各种事情都不尽如人意。

从平城京的考古发掘，就可以清楚地看到这一点。

刚才我们讲了平城京与其他都城不同的一个特点，就是皇宫和京城在东北方向有一个突出的部分。平城京发现了两处细长区域的遗迹，两处都有天皇执政的“大极殿”、官员们处理政务的“朝堂院”等建筑物。其中，一处位于皇宫中央朱雀门的正北，另一处位于偏东的壬生门的正北。

要说明这种情况，会稍微有点复杂。起初人们都认为，710年迁都至平城京的时候，这些建筑群建造在朱雀门北面的区域。740年（天平十二年）迁都至恭仁京的时候，这些建筑群被拆除。后来，再次还都平城京的时候，这些建筑群建造在壬生门的北面。关于恭仁京，我们将在后面叙述。

随之，人们开始将朱雀门北面的建筑群称为第一次大极殿、第一次朝堂院，等等，而将壬生门北面的建筑群称为第二次大极殿、第二次朝堂院，等等。天皇居住的禁宫也被认为是从第一次的区域移到了第二次的区域，有一段时间被称为第一次禁宫、第二次禁宫。但是，在考古发掘中，从第二次的建筑遗迹下面一层发现了另一个建筑群遗迹，形状与上面一层基本一样。也就是说，第二次的区域的建筑并不是还都后才建成，而是710年迁都当时就已经建成。这样，人们将第一次的区域称为“中央区”，第二次的区域称为“东区”。禁宫从一开始就位于东区。总之，从建造的初期开始，平城京就东西并排存在两个功能几乎重复的建筑群，根据用途分开使用。

再补充一点。我认为，东区的迁都平城京时类似于大极殿的建筑，并不是大极殿，而是大安殿。大极殿与大安殿相似，都是天皇启驾处理政务的地方。但是大极殿更具公共性，设有天皇的宝座，用于天皇即位仪式、接见外国使节等场合。大安殿是天皇居住的禁宫的延伸，天皇在此召见臣下、发布诏令。在皇宫中，大安殿是一种比较古老的建筑。

● 平城宫：两个大极殿

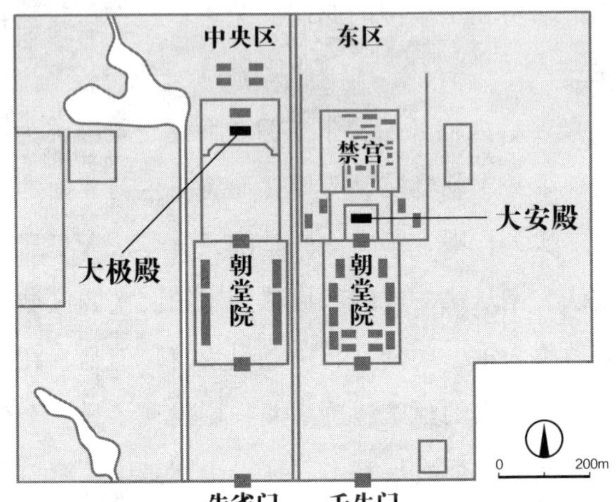

奈良时代前半期的平城宫

大极殿在中央区，大安殿位于天皇的住处（禁宫）所在的东区。

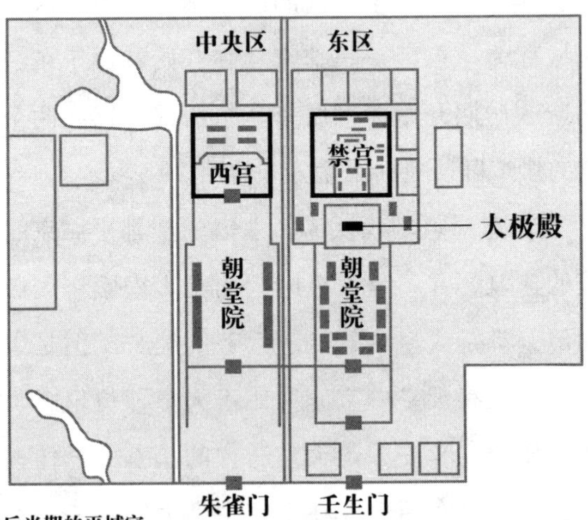

奈良时代后半期的平城宫

大极殿位于东区。

谋反、瘟疫、社会动荡

上面的说明略微多了一些，我们把话题仍然转回圣武天皇。724年，天皇在中央区的大极殿即位。当时，大极殿似乎没有发挥它应有的功能。之所以这么说，是因为根据史书《续日本纪》等的记载，圣武天皇即位后，启驾到大安殿，听臣下奏事议政。官员是在东区的朝堂院等候觐见天皇，因此圣武天皇前往东面的大安殿处理政务。这样，本来应该在大极殿处理政务，改为在东面的大安殿和朝堂院处理政务。使用东面的朝堂院和大安殿，也许是上一代元正天皇在位期间的惯例。通常天皇应该按照自己的意愿处理政务，圣武天皇没有做到这一点，有可能表明当时掌握朝廷实权的传统势力比较强大。

那么，当时掌握政治主导权的人是谁呢？是长屋王。长屋王的祖父是天武天皇，父亲是高市皇子。在天武天皇与大友皇子争夺皇位的“壬申之乱”（672年）中，其子高市皇子曾经发挥了重要作用，帮助父亲登上了皇位。长屋王继承了父亲的功勋，在平城宫朱雀门的东南面修建了一座高大雄伟的宅邸，拥有的财力和权力甚至在天皇之上。前面我们说过，从持统天皇开始三位女天皇在位的时期，藤原不比等一直掌控朝廷大权。藤原不比等在圣武天皇即位4年前的720年（养老四年）去世，取而代之的便是长屋王。

藤原不比等有藤原武智麻吕（南家）、藤原房前（北家）、藤原宇合（式家）、藤原麻吕（京家）四个儿子，与长屋王相比，他们年纪尚轻，没有与之抗衡的实力。长屋王是皇孙，其妻是文武天皇的妹妹吉备内亲王，总之，他是血统纯正的皇族中有影响力的人物。他既有政绩，年龄也比圣武天皇大17岁，作为“壬申之乱”最大的功臣高市皇子的儿子，掌握着朝政大权。

729年（天平元年），厄运降临在长屋王的身上。藤原宇合等人率领的军队，以涉嫌颠覆国家的罪名，包围了长屋王的宅邸，长屋王被迫自尽。其妻吉备内亲王和几个孩子也自缢身亡。有人怀疑，实际上并无谋反之事，而是藤原氏强加的不实之罪。而且，有可能圣武天皇也明知这一点，仍然默许了这种做法。

关于长屋王事件为什么发生，有各种各样的推测。一般，多从藤原氏的阴谋和继承皇位的角度出发。这种看法认为，为了让圣武天皇的皇妃藤原光明子立后，让她生的孩子即位，必须扫除长屋王这个障碍。我并不认为这种说法是子虚乌有。但是，我认为，这与前面所说的迁都平城京有关，圣武天皇和藤原四兄弟想要推动政治改革，就此与长屋王之间形成了对立，这是本质的问题，也是事件的背景。

● 长屋王事件相关系谱图

天智天皇
持统天皇
天武天皇
大友皇子
县犬养三千代
藤原不比等
元明天皇
草壁皇子
高市皇子
藤原麻吕
藤原宇合
藤原房前
藤原武智麻吕
藤原宫子
文武天皇
吉备内亲王
长屋王
藤原广嗣
藤原光明子
圣武天皇
天皇
女天皇
女性
藤原氏

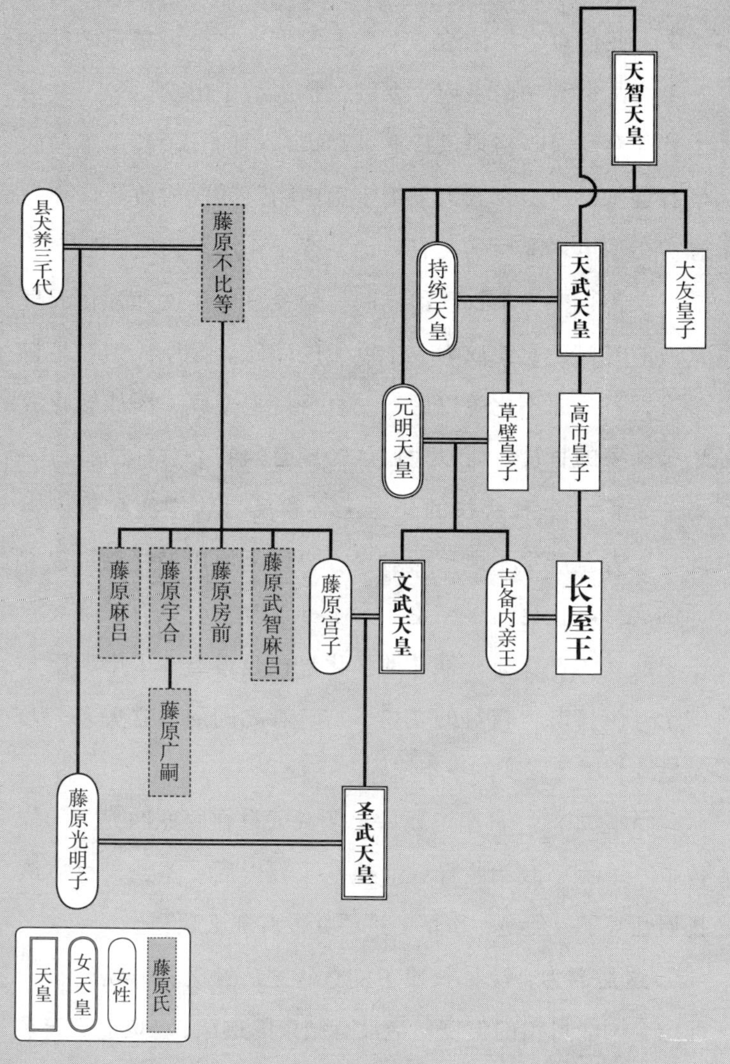

这种对立与天武天皇的壬申之乱有很大关系。在第二章中，我们也会阐述这一点。天武天皇将高市皇子之类在壬申之乱中有功的皇族、豪族，称为“壬申功臣”，并给予特殊对待、破格提供待遇。高市皇子的儿子长屋王一族享有这种特权。天武天皇给予壬申功臣的优待政策，作为恩赏在壬申之乱后确实有效地发挥了作用。但是，后来的天皇在实行中央集权政治体制、健全官僚制度和强化天皇权力的时候，它便成为一个巨大的障碍。藤原氏站在皇权一方，自藤原不比等以后，一直坚持把豪族、氏族转化成忠于国家的官员。所以他们认为，必须剥夺这样的特权。另一方面，享有特权的长屋王必然反对这样的政策。因此，二者就产生了严重的对立。也许藤原氏最终在皇权方面的支持下，得出了结论：为了推动改革，只有铲除长屋王。我认为，藤原氏推动的强化皇权政策与“壬申功臣”的子孙维持既得权益的立场，这二者之间的对立关系，乃是导致长屋王之变的根本原因。

无论如何，长屋王死后，圣武天皇在藤原四兄弟的辅佐下，掌握了政治主导权。执掌政权以后，圣武天皇应该扬眉吐气了。但是，事情的进展并没有那么顺利。

这是因为，除掉长屋王的数年之后，天花开始流行，肆虐全国。可怕的瘟疫丝毫没有结束的迹象，737年（天平九年），藤原房前、藤原麻吕、藤原武智麻吕、藤原宇合四兄弟相继因病去世。社会上谣传是长屋王的怨灵作祟，圣武天皇也惶惶不可终日。天皇失去了有力的支持，社会和政局都开始陷入极度的混乱。

中央的混乱波及地方。3年后的740年（天平十二年），在九州担任大宰少贰[1]的藤原宇合的儿子藤原广嗣发动叛乱。

当时，圣武天皇既不能发挥自己的领导才能，也无力收拾混乱的局面，无奈之下做出决定。他从平城京出发，一路缓慢地行幸，直至关东（铃鹿关、不破关以东），最终宣布迁都。这就是“迁都恭仁京”。

迁都恭仁京的两个目的

藤原广嗣的叛乱席卷了九州一带，演变成一场大规模的社会动乱。所以圣武天皇不镇压叛乱而是行幸和迁都，看起来似乎是不负责任和逃避现实。

我们看一看记录当时圣武天皇行幸的一张图。10月29日从平城京出发，去往伊势方向，次月在河口顿宫（行宫）停留数日，并向伊势神宫供奉币帛。然后，继续东下，经赤坂顿宫，进入美浓国的不破顿宫。12月，沿着近

1　少贰：日本太宰府的次官。在大贰之下。

江国的琵琶湖东岸南进，经过蒲生郡、野洲、禾津，于12月15日进入山背国的恭仁，在此停止了前进，宣布迁都。对于许多人来说，这是一个突然的决定，引起了巨大的恐慌。恭仁靠近大和国和山背国的边境，属于木津川，位于现在的京都府木津川市加茂町。

考古发掘发现，恭仁宫是一个东西宽560米、南北长约750米的长方形区域，面积比平城宫的四分之一稍大，是一个小宫殿。由于恭仁宫面向木津川，因此适合航运，物流方面比平城京有优势，但是面积狭小。因而，平城京的众多官邸不可能全部搬迁。当时，也许有许多不便，但是天皇命令反对迁都而留在平城京的人迁往新都。

在我看来，这样做主要有两个目的：

其一，在瘟疫、叛乱、政局动荡等天灾人祸接二连三的局面下，圣武天皇决定下一个大赌注，以此建立自己的权威。这是因为，从平城京，经伊势，到美浓，再到近江，这条路线如同画了一个圆，与其曾祖父、以天才天皇而著称的天武天皇在壬申之乱时，在吉野举兵奔赴大津宫的路线基本相同（参见第152页）。在这次行军过程中，天武天皇发挥了各种神秘的力量，获得了地方豪族的尊崇，最终形成一股强大的势力，攻陷大津京，打败了大友皇子的军队。

总之，圣武天皇试图唤起民众关于天武天皇传奇故

● 圣武天皇行幸关东和天平时代的宫殿、都城

事的记忆，希望效仿天武天皇，获得强大的力量。另外，天武天皇在平定壬申之乱后，进入飞鸟，建造了新的皇宫（飞鸟净御原宫）。圣武天皇也采取同样的做法，以此宣传迁都的正当性。

其二，是为了推动一直进展不顺利的政治改革的一个策略。刚才在讲述长屋王事件的时候，我们谈到了壬申功臣。圣武天皇希望通过迁都，使拥有既得权益的豪族们离开自己的地盘，从而打开局面。我想，从藤原京迁都平城京也是为了这个目的。但是，仍然有相当多的豪族在飞鸟地区保留有经营的地盘。他们住在平城京，同时保留私有领地和私有民，可以说是过着半城半农的生活。因此，圣武天皇考虑再次迁都到更远的地区，彻底动摇他们的根基。

不仅如此，一定要注意的是，圣武天皇将这个新皇宫命名为“大养德恭仁大宫”。它位于山背国，因此应该叫作“山背恭仁宫”。圣武天皇特意将它命名为与表示日本国的“大和”同音的“大养德”，并且称为“大宫”，可以从中感受到他非同寻常的政治抱负。

关于圣武天皇的行幸和迁都，往往被看作是冲动的行为。但是我认为，从新皇宫的命名可以看出这次迁都具有很强的目的性。

在迁都恭仁京的路途上，也出现了一个障碍。一度消失的天花，再次大面积爆发。

由于这场前所未有的瘟疫，日本人口减少，劳动力下降，整个国家十分贫困。当时的农民通过“出举”[1]，向朝廷借稻种，进行播种，收获后归还稻种。往年，不能归还所借稻种的农民从来没有超过10%。根据正仓院保存的天平时期的《诸国正税帐》（以大米为标准的各国年度收支报告）的记载，天花爆发的时候，30%～50%的农民因病死等原因，没有归还稻种。为了解决农村劳动力不足的问题，国家甚至暂时废除了征兵制。由此可见，瘟疫的情况十分严重。

当时的社会有一种根深蒂固的思想，即重视天命的祥瑞灾异思想，认为发生灾难、战乱都是为政者的过失所致。圣武天皇担心失去民众对自己的支持，因而举行各式各样的祭神仪式，祈祷瘟疫尽快结束。但是，瘟疫依然肆虐不止。

于是，天皇打出了最后一张王牌，这就是“佛教”。天皇本来是神祇祭祀的中心人物，同时又是国家的最高权力者。向神祈祷不能驱除瘟疫，政治上也无计可施。所以依靠以往的方法，已经不能应对国家的危机。总之，靠“政治”不能治国，靠“祭神”也不能治国。因此，他打出了第三张王牌——“佛教”。

1　出举：日本古代贷出谷物或财物而收取利息的制度，有国家进行的公出举和私人进行的私出举两种。

利用“佛教”笼络人心

佛教传入日本，从这个时期追溯，大约是在200年以前。到了圣武天皇的时候，佛教已经不是新鲜事物了。尤其是苏我氏、圣德太子都以信奉佛教而闻名，建造了飞鸟寺、法隆寺等寺院。所以，即使“打出了佛教这张王牌”，民众也不会感觉新奇。但是，事实并非如此。当时的佛教被称为“氏族佛教”，是有势力的氏族个人信仰的宗教，而且僧侣的活动受到国家的管制，禁止他们私自向一般民众布教。因此，当时在社会上宣扬佛法而受到民众支持的行基，作为煽动民众的危险人物而遭到朝廷的镇压。圣武天皇向社会开放佛教，将之视作“镇护国家”的宗教，期待它能带来国泰民安。

圣武天皇与皇后藤原光明子一起推动了对佛教的尊崇。藤原光明子受其母县犬养三千代的影响，是一个虔诚的佛教徒。

首先，741年（天平十三年）圣武天皇下诏在各地修建“国分寺”和“国分尼寺”。接着，两年后的743年（天平十五年），发愿建造“卢舍那佛金铜像”。圣武天皇筹划建造一座高约16米的巨大佛像，地点定在恭仁京东北20公里、离宫所在地紫香乐（今滋贺县甲贺市）。此后，圣武天皇一直热衷于建造大佛，甚至考虑迁都紫香乐。

值得注意的是，圣武天皇并不只是建造一座巨大的佛像，向民众展示它，而是号召民众信仰佛教。天皇对民众说，每个人都怀着虔诚的心同心协力，自己也会得到拯救，社会也会变得美好。圣武天皇的《大佛造立之诏》很好地体现了这一点：

> 我有天下之财富，造大佛不难。然而，这样并不能实现我之愿望。虽说如此，倘若强迫民众合作，也许会怨声载道，亦不合神佛之心。故望众人自愿侍奉神佛，建造、供奉大佛。即使一根草、一把土，若有愿为建佛而捐赠者，皆许之。

这也就是号召民众捐赠。天皇以这样的呼吁，向民众宣传佛教，让民众团结一心，这种尝试乃是前所未有的。它表明天皇对大佛称臣，成为从属佛教的“三宝之奴”（佛弟子）。拥有“天下财富”的天皇成为“善知识”[1]（宗教志愿者），从而形成“朕乃善知识”这种新的形象。

为了进一步推动这项事业，745年（天平十七年），圣武天皇起用行基为大僧正，负责大佛的建造。正如前面我

1　善知识：引导人进入佛道的禅师。

们说过的那样，不久前，行基还因扰乱社会而被镇压，此时圣武天皇希望利用他的活动能力和掌控人心的能力。接受圣武天皇任命后，行基立刻展开劝化工作，并取得了巨大成果。

745年，紫香乐附近连续爆发了山火和地震，这项事业受挫。地震波及恭仁京，因而不断有人要求返回平城京。此时，迁都只有5年，大佛的建造也刚刚进行到一半，但是圣武天皇决心离开恭仁京，回到平城京。史称“还都平城京”。

佛都平城京的建成

虽然恭仁京的城市建设半途而废，但圣武天皇对自己的尝试建立了信心，在还都以后，继续锐意推进自己的事业。

他对平城宫进行了重大的改造。前面也提到过，在圣武天皇即位时，中央区的大极殿没有发挥应有的功能，圣武天皇都是前往东区的大安殿处理朝政。还都以后，他下令拆除大安殿，在旧址上面重新修建大极殿（中央区的大极殿移建到恭仁宫）。圣武天皇试图统一朝廷的功能，以彰显天皇的绝对权力。与在恭仁宫一样，他合并了用于举办仪式的中央区的大极殿和用于处理日常政务的东区的大安殿。大极殿是采用柱角石、瓦顶的中式建筑，而大安殿是采用埋柱、柏树皮屋顶的传统建筑，将两者合并为像唐朝长安那样处理日常政务的大极殿，表明圣武天皇想要像古代中国皇帝那样拥有绝对权力。

此外，紫香乐爆发山火和地震以后被中断的大佛建造工程，也重新启动。此次建造佛像的地点是外京东侧、若草山脚下的东大寺。天皇再次通过行基呼吁民众，总共200多万人参加了大佛的建造。

749年（天平胜宝元年），圣武天皇自称“三宝之奴”，宣布出家，让位给女儿阿倍内亲王（孝谦天皇），成为太上天皇。以往的天皇都被视为“现世的神”，也就是等同于神的人，所以从来没有出家成为佛弟子的想法。但是，圣武天皇身披袈裟，强调自己侍奉神佛的身份。

在重新开始建造大佛后，历时7年，752年（天平胜宝四年）举行了大佛“开眼”供养仪式。包括日本、印度、中国、越南等国的一万名僧人参加了仪式，使之成为一次隆重的仪式。圣武天皇向国内外展示了日本是一个具有优秀思想的先进国家。圣武天皇以“佛教”为象征的城市建设，至此大功告成。

在本章的开头，我们说过，城市建设体现着为政者的理念和理想。那么，圣武天皇在平城京的城市建设中最想表达的是什么呢？那就是，都城不仅是国家的“政治中心”，而且是“佛教中心”。圣武天皇将政治和民众的

● 建造大佛——笼络人心的王牌

743年（天平十五年）圣武天皇发愿建造的“卢舍那佛金铜像”，于752年（天平胜宝四年）举行了“开眼”供养仪式。这样，平城京成为“政治中心”的同时，也成为“佛教中心”。

试图通过建造大佛镇护国家的圣武天皇（左后）、开眼导师菩提仙那（右后）、行基大僧正（右前）、良辨僧正（左前）（东大寺收藏《四圣御影》）

精神支柱都以可见的形式，展现在世人的面前。大佛那种“前所未有的庄严”，充分说明了这一点。

由圣武天皇建成的平城京，在后来的40年中为奈良留下了辉煌的历史。而且，平城京的建设思想被千年都城平安京所继承。

第二章

“天皇”都城的诞生

672

“大王者，神尔……”在迁宫至飞鸟净御原宫的时候，天智天皇已经做好了准备：把这片沼泽地改造为都城，并建立律令制的国家。

转折点◎迁宫至飞鸟净御原宫

672年：壬申之乱

转折点② **迁宫至飞鸟净御原宫**

681年：开始编纂律令

开始编纂正史

694年：迁都至藤原京

柿本人麻吕的歌碑："大王者，神尔，当住天云雷电之上。"（奈良县明日香村）

日本第一位“天皇”

《万叶集》中有一首把天武天皇称赞为“神”的和歌：

大王者，神尔，赤驹匍匐之田地，为都；
大王者，神尔，水鸟群集之沼泽，为都。

在前一章中，我们讲述了圣武天皇利用佛教笼络人心、领导乱世走向社会稳定的历史。圣武天皇在笼络人心和强化权威两个方面引为榜样的，是其曾祖父天武天皇。圣武天皇通过迁都，领导民众和臣下跟随自己，提高了自己的领袖形象。但是，这是效仿流传的曾祖父的传奇故事。

在日本古代历史上众多的天皇中，天武天皇是一位具有传奇色彩的人物。他既擅长“自我表演”，也不缺少神秘的故事。日本的许多传统活动都是从他开始的，也就是说，他是它们的创始人。

在日本皇室流传至今的各种祭神活动和仪式中，据说有不少由天武天皇创始。其中就有天皇即位时举行的仪式“大尝祭”。它是天皇与众神一起品尝当年新收的谷物，完成皇位继承的一种仪式，据说由天武天皇创始。另外，一些传统活动像女儿节（3月3日），也始于天武天皇时代。

“天皇”这个称号，据说也始于天武天皇。关于它的由来，有几种说法。其中一种有代表性的说法是，它源自统治者面南背北、君临天下的“天子面南”的思想，将位于天空北面的中心、位置不动的北极星视为“天”的“皇帝”，仿照它创造了“天皇”这个词。这是用自然法则说明统治的正统性。

顺便要提到的是，在使用“天皇”这个称号以前，有一个“大王”的称号。虽然在《日本书纪》中，例如称为“神武天皇”“崇神天皇”“景行天皇”，从传说时期开始称呼“某某天皇”，但这是后世的称号，并不是当时就有“天皇”这个称号。从对豪族、王族称呼“吾王”“大王”来看，作为君主称号的“天皇”是与“大王”有本质区别的、排他的身份称号。

天武天皇出生于631年（舒明三年），父亲是舒明天皇，母亲是宝皇女。即位前名为大海人。正如大家知道的那样，他是中大兄皇子（天智天皇）的弟弟。父亲舒明天皇在推古天皇之后即位，因病驾崩后，身为皇妃的宝皇女即位，成为皇极天皇（后来再次登基，成为齐明天皇）。当时，苏我虾夷和苏我入鹿权倾朝野。中大兄皇子与中臣镰足发动政变“乙巳之变”，清除了苏我氏父子。这是历

● 天武天皇是日本第一位“天皇”

写有“天皇”的木简

1998年从奈良县飞鸟池工房遗址出土的木简中，其中一枚写有“天皇”的字样（左）。同时出土的木简写有“丁丑年十二月三野国刀支评次米”，可见是三野（美浓）国缴纳的、在677年（丁丑年）的新尝祭上使用的“次*米”的货签。由此，至少在677年（天武六年）已经使用“天皇”的称号。（奈良文化财研究所提供）

* 次：大尝祭时，敬献用于祭祀的新谷的郡国。

史上有名的故事。

另外，天智天皇和天武天皇兄弟二人还以与额田王的三角恋（有一种说法是，起初额田王是大海人皇子的皇妃，后来为中大兄皇子所宠爱）而闻名。传说二人曾经有过不和，但在因皇位继承问题决裂之前，兄弟二人一直在合作，进行政治改革。天智天皇是一位冷静的政治家，而天武天皇则具有一种神秘的色彩，看起来他们对比鲜明，但采取的政治路线基本相同。我想，不同的只是在改革方法和速度上，天智天皇更加激进一些。二人都是日本古代天皇中杰出的人物。

日本古代最激烈的王位继承之争

那么，被称为天才天皇的天武天皇是如何诞生的呢？这里有一场戏剧性的、残酷的骨肉之争，这就是称为“壬申之乱”的内乱。

这场争斗是从中大兄皇子于667年（天智六年）将都城从奈良盆地的飞鸟迁往琵琶湖岸边的近江大津的时候开始的。对于迁都到陌生、偏远的地方，周围许多人强烈反对，但是大海人皇子理解和支持兄长的意图。中大兄皇子即位非常晚，母皇齐明天皇驾崩后，他一直不即位，以皇太子名义称制，时间长达7年。迁都至近江后，他才即位，成为天智天皇。随之，大海人皇子成为大皇弟（与后来的皇太弟不同，不是唯一的皇位继承人）。这是一个有影响力的王族称号，因此迁都后一段时间之内，大海人皇子是皇位的有力竞争人选。

671年（天智十年），这种情况开始变得微妙。天智天皇仿效唐朝，引入了新的官职，让其子大友皇子担任“太政大臣”，并设立“右大臣”和“左大臣”这两个辅佐大友皇子的职位。

太政大臣在律令制的太政官中，是职位最高的大臣，是大海人皇子一直担任的职位。大海人皇子敏锐地察觉到，天智天皇为了让大友皇子成为继承人，想要排挤自己。于是，他决定离开都城，隐遁到吉野山，以表示自己无意争夺皇位。

天智天皇有多位皇子，但是有的夭折了，有的母亲出身卑贱，子嗣不旺。据说，在这些皇子中，虽然大友皇子的母亲出身卑贱，但大友皇子人品不俗，仪表非凡。因此，天智天皇想把皇位传给他。日本第一本汉诗集《怀风藻》中，这样评价大友皇子的为人：

> 皇太子者，淡海帝之长子也。魁岸奇伟，风范弘深，眼中精耀，顾盼炜烨。唐使刘德高，见而异曰：“此皇子，风骨不似世间人。实非此国之分！”

意思是说，淡海帝（天智天皇）的儿子大友皇子才貌双全，唐朝的使者刘德高见了他说："这位皇子不是普通的人物。与日本这样的国家身份不相称。"大友皇子博学多才，逐渐得到天智天皇的宠爱。因此，天智天皇想要让他继承皇位。

宣布任命大友皇子为太政大臣以后，天智天皇开始卧病在床，并于当年驾崩。在此之前，曾经发生过这样的一幕。天智天皇把大海人皇子叫到病床前，对他说："我想把后事托付给你。"大海人皇子一口拒绝，说："我没有这个想法。"然后，离开了兄长。如果当时他表示同意，天智天皇就会想"这家伙对皇位有野心"，而把他暗杀了。大海人皇子完全了解兄长的这种性格，因此机智地躲过了一劫。

但是，他并不想把下一任天皇的宝座拱手让给侄子。大海人皇子一直盼望在兄长之后由自己统治这个国家，这个愿望比谁都更加强烈。所以，大海人皇子在逃到吉野山的时候，有送行的人曾经担心地说："这好比猛虎添翼，放虎归山"。这种担心并不是毫无根据。

天智天皇死后，大海人皇子逃出吉野山，从伊势向美浓一带进发，开展军事行动。他的目标是动员东国的兵力。为此，他采取了巧妙的作战计划。首先，先发制人，不失时机地封锁大道，使得近江国不能集中兵力。然后，他向东，再向北，像画圆一样行军，沿途招兵买马，逐渐形成了一支浩浩荡荡的大军。

在前一章中，我们讲过，圣武天皇为了稳定瘟疫、内乱接连不断的混乱局面，曾经迁都恭仁京，这是效仿壬申之乱时大海人皇子的军事行动。我想，大家应该注意到，从伊势，经美浓，再到近江这条行军路线，与后来圣武天皇去往恭仁京的路线基本相同（参见第133页）。

在这种情况下，豪族通常都会慎重地权衡双方军队的实力，静观其变。在这个过程中，大海人皇子发挥了各种神奇的力量，吸引了民众。

例如，根据后世流传的说法，在吉野山的时候，被称为“国栖”[1]的原住民藏匿大海人皇子，并用舞蹈和香鱼招待他。大海人皇子吃掉半片香鱼后，将它放到河里，香鱼又复活了，在水里游动起来。据《日本书纪》记载，在美浓国的不破郡与敌方对峙的时候，遇到了一场大雷雨，大海人皇子祈祷说“天地神灵，如果助我，就请停止打雷下雨吧”，于是雨突然停止。

我想，天武天皇具有神秘力量，通晓天文、巫术方面的知识，并能有效地利用它们。这位天皇在这方面的“自我表演”非常巧妙。

---

1 国栖：日本古代居住于吉野山区的原住民。

● 壬申之乱的相关地图

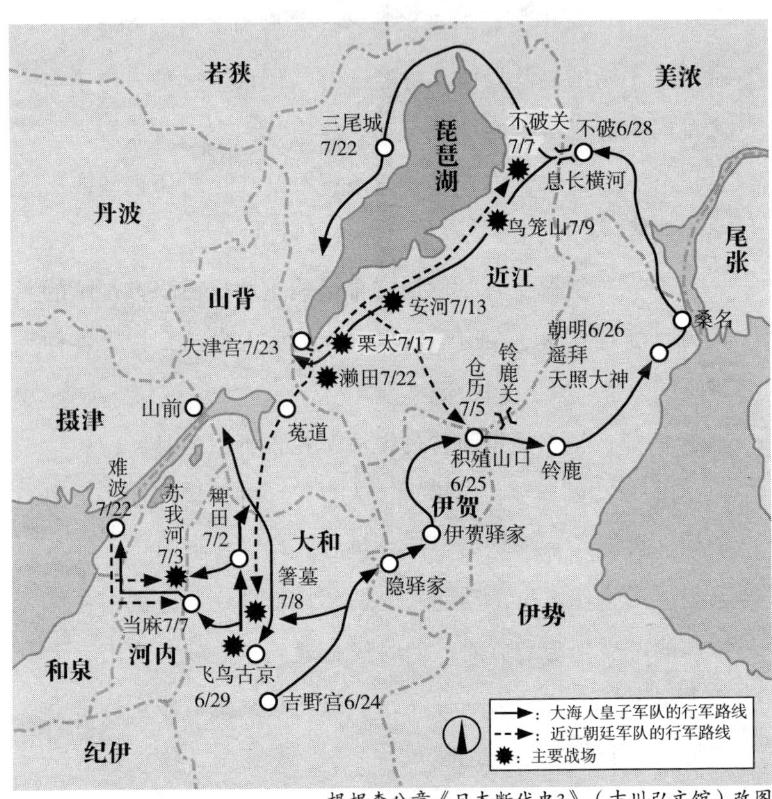

根据森公章《日本断代史3》（吉川弘文馆）改图

总而言之，壬申之乱是一场围绕皇位继承的斗争，所以有必要向民众宣传谁是最合适的皇位继承人。那么，当时得到谁的认可最能提高正统性呢？那就是这个国家的开国之祖——神武天皇的祖先，也就是日本天皇的“皇祖神”。他就是普照天下的天照大神。大海人皇子在伊势的迹太川岸边遥拜这位天照大神，结果取得了一场漂亮的胜利。另外，有一天，高市郡大领[1]、高市县主许梅突然神灵附体。神告谕说，要向神武天皇陵进献马匹和各种兵器。大海人皇子当时没有在场，后来这件事被上奏后，他大张旗鼓地利用了这件事。天武天皇通过这些“表演”，向众人证明自己才是合适的皇位继承人。我想，《日本书纪》记载的他与神武天皇、伊势神宫的关系，主要是为了证明他的与众不同。他通过巧妙的“自我表演”，强调自己的超凡能力，从而提高他对豪族的凝聚力。

天武天皇在壬申之乱中获得胜利后，制定了“伊势斋王”的制度，让皇女代表天皇侍奉天照大神，并让自己的女儿大伯皇女担任第一代斋王。这样，伊势神宫的地位得到了提高。

再说一点，壬申之乱时大海人皇子的行军，看起来好像是为了赢得时间，又好像是绕道，实际上还有一种“踩

1　大领：日本律令制中郡的长官。

圣像”[1]的意义，也就是区分敌我。故意采取夸张的行动，以便看清民众是否跟随自己。这与前面一章中所讲的圣武天皇迁都至恭仁京，有相似之处。圣武天皇在这一点上，也效仿了他的曾祖父。

软硬兼施的策略

骨肉相残的壬申之乱平息以后，大海人皇子把都城再次迁回飞鸟，赐名为“飞鸟净御原宫”，并正式登基。673年（天武二年），天武天皇即位。近年的考古发掘表明，天武天皇的宫殿是在原有宫殿的旧址上修建而成。根据推断，原有宫殿是齐明天皇的“后飞鸟冈本宫”。天武天皇登基后，在原址上修建自己的新宫殿，其目的应该是通过沿袭前代的宫殿，强调继承皇位的正统性。

除此之外，还有天武天皇独特的政治战略。

天智天皇为了使这个国家成为先进的律令国家，强行迁都到偏远的近江大津宫，试图推动史无前例、大刀阔斧的改革。其背景是，在663年与唐朝、新罗联军发生的“白村江之战”中，日本遭到了惨败。但是，由于天智天皇过于激进，许多臣下都不跟随他，不断有人提出把都城迁回

1　踩圣像：日本江户时代，幕府命令疑似天主教徒者用脚践踏基督和玛利亚等圣像的一种制度。目的在于识别他们是否为天主教徒。

飞鸟。

在壬申之乱的时候，天武天皇向豪族承诺，如果他们支持自己，将来会把都城迁回飞鸟。用今天的话说，这就是“竞选承诺”。天武天皇与天智天皇的想法基本一致，目标都是建立一个中央集权国家，把一切统一到天皇的权威之下。在政策的推进上，天武天皇能够做到畅通无阻，这是天武天皇的特点之一。

前面一章中我们说过，天武天皇对于在壬申之乱中有功的豪族、皇子（壬申功臣）采取优待政策，给予他们食封[1]、功田[2]这样的特殊待遇。天武天皇制定了“八色之姓”[3]制度，对在壬申之乱中支持自己、关系密切的氏族赐予比以往的“臣”“连”地位更高的姓氏。这使他们对天皇充满了感激，强化了对天皇的忠诚，对巩固政权发挥了有利的作用。天武天皇的这种软硬兼施的方法非常巧妙，如果打比方的话，可以说天智天皇进行的是“织田信长式的改革”，而天武天皇进行的是“德川家康式的改革”。

不过，奖赏壬申功臣的这些政策，后来成为巨大的枷锁。前面我们已经说过，它阻碍了官僚制度的完善和天皇

1　食封：日本律令制中朝廷给予皇族、高官、寺院的俸禄之一。因大化改新废除了私地私民，于是朝廷以食封的形式给予贵族阶层以补偿。

2　功田：日本律令制中赐给对国家有特别贡献者的输租田。

3　八色之姓：又称八色姓，是指日本飞鸟时代所制定的八个姓氏的制度，分别是真人、朝臣、宿祢、忌寸、道师、臣、连、稻置。

● 迁都至飞鸟净御原宫

飞鸟净御原宫遗址（相传的飞鸟板盖宫遗址）

在壬申之乱中获得胜利后，天武天皇把都城迁回了飞鸟。此地是齐明天皇的后飞鸟冈本宫的所在地，天武天皇为了强调皇位的正统性，沿袭了前代的宫殿。

权力的强化，导致了长屋王之变的悲剧。

天武天皇比其兄长更加灵活，这一点也体现在宫殿的修建中。在飞鸟净御原宫中发现的东南城郭，便充分体现了这个特点。

东南城郭是以独立建筑物的形式修建在皇宫东南面的一块区域，面积大约为东西94米、南北60米。在洁白的沙石铺成的广场中央，矗立着令人仰视的、高台式的宫殿建筑“大极殿”。这个建筑物是为了在举行元旦朝贺等重大仪式时，天皇从高处俯视群臣而修建的。东南城郭为净御原宫所特有，其他的天皇宫殿都没有这样的建筑物。

也许大家能够看出，东南城郭与作为皇宫主体的内郭南面的大安殿（天皇接见群臣、处理政事的地方）非常相似。东南城郭的面积增加了一倍，以醒目的形式独立在外部。可以说，大安殿成为更加开放的区域，成为这里的大极殿。不过，它没有与天相接的“宝座”，尚未成为群臣不能进入、天皇独有的空间，这一点与后来的大极殿有很大的不同。所以，它要成为大极殿，在有配殿、臣下可以进入、不用于举行外交仪式或者登基典礼等方面，存在不足。

修建它的目的是什么呢？我想，就是权威的视觉化。在此之前，大王不经常出现在群臣面前，商量国事的时候，通常在皇宫里召见臣下。天武天皇完全打破了这种惯例，他想方设法提高自己的权威，并使民众看到。天皇出

● 东南城郭的演出效果

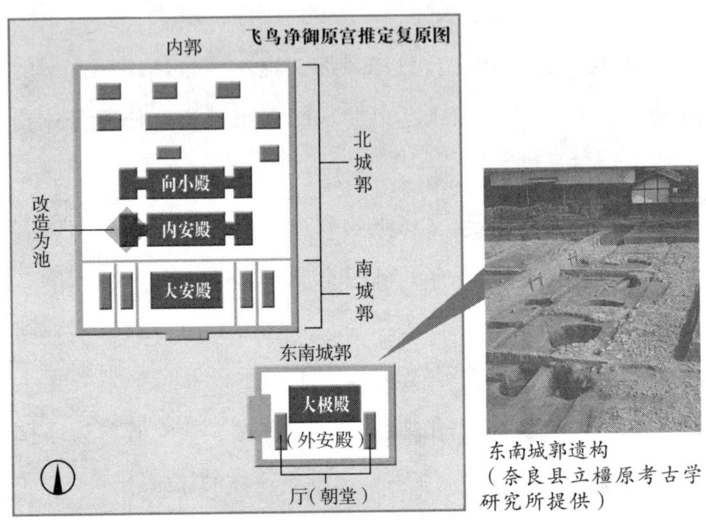

东南城郭遗构
（奈良县立橿原考古学研究所提供）

东南城郭复原模型

东南城郭内，矗立着高台式的、规模宏大的大极殿（外安殿）。天皇从该建筑物的高处，居高临下地俯视跪伏在地的群臣。将它设在从外部看得见的地方，可以起到震慑的效果，令人对天皇权威的强大产生深刻的印象。（奈良县立橿原考古学研究所提供）

现在东南城郭的高处，群臣一齐跪伏在地，自然就会显示出天皇的权威性。这样的场面会深深地印在人们的脑海中，对君臣秩序、上下关系的形成，起到了很好的效果。

另一方面，天武天皇制定了许多天皇驾临的仪式。通过这些仪式，重复天皇是绝对权威的视觉印象，宣扬自己不同于以往的大王。

也就是说，天武天皇因为有“承诺”，所以不能立刻把宫殿迁到其他地方。取而代之的是，在以往的宫殿上增加了“东南城郭”这个微小的变化。我想，这是一种相当合理、巧妙的方法。

不仅如此，天武天皇还着手进行其他事业。

其中，意义特别重大的一项事业是史书的编纂。天武天皇把诸家各持其说、记录历代大王的系谱和事迹的《帝纪》与记载神话、事迹等的《旧辞》统一起来，并形成体系。这项工作最终产生了元明天皇、元正天皇时期完成的《古事记》和《日本书纪》。

这里要提到的是，对一件事大家可能有些误解。所谓编纂史书，并不是像新闻工作者一样记录事件。当然，它也完整地记录事件，但是，它更重要的目的在于，正如我们刚才谈到天照大神那样，将天皇家和氏族的祖先与诸神的系谱联系起来，从而显示天皇家是不同于他人的特殊人物。这是编纂史书的最重要的目的。

天武天皇在飞鸟净御原宫进行的另一项意义重大的事业，便是681年（天武十年）下诏制定律令。所谓律令，是效仿古代中国的一种法律体系，由“律”和“令”两部分组成。其中，“律”指的是有关刑罚的法令，“令”指的是有关行政的法令。例如，后来以太政官和神祇官[1]为代表的中央集权制的官僚机构；官位和官职的规定；租庸调制等税收制度；根据户籍和捐税账目控制人民的方法，等等。统治国家所必需的法律体系的建设，就是从这个时候开始的。

天武天皇去世时，这项工作并没有结束，一直到持统天皇在位的689年，才完成了《飞鸟净御原令》。但是，《飞鸟净御原令》只有“令”，律和令齐备的则是701年的《大宝律令》。

“固定的都城”的开始

虽然天武天皇在即位时没有从飞鸟迁都到其他地方，但他有一个宏伟的计划，描绘了新的都城的构想。它被称为“新城”，天武天皇亲自前往候选地视察，并派阴阳师、木工着手平地，投入了极大的热情。然而，686年（朱

1 神祇官：日本律令制中与太政官并列的官厅，执掌朝廷的祭祀，管理全国的神社。

鸟元年），天武天皇驾崩，建都的工程也随之中断。“新城”成为仅在历史记载中存在的一个虚幻的都城。

后来，对持统天皇的藤原京进行考古发掘时，新城引起了人们的关注。藤原京是持统天皇迁都后的都城，位于奈良盆地的南部，是一个大和三山[1]环绕的、规模宏大的都城。在它的遗址下面，发现了天武天皇推动的建都工程的遗迹。

以前每当大王（天皇）即位之时，都会修建新的宫殿，实施“历代迁宫”，藤原京是“固定的都城”的开始。为什么称之为“固定”呢？这是因为，它不仅有大王的住所，而且对包括政治、祭祀、生产、生活在内的一切活动区域进行了合理的设计，是一座规模宏大的都城。天皇换代仍然能够继续使用，便不再轻易迁都。天武天皇提出这种构想，持统天皇继承其夫的遗志，建成了他未完成的都城。

考古发现表明，天武天皇已经在构想建设大规模的城市。这座城市的道路纵贯南北，纵横交错，呈方格网布局。城内建有官员居住区，使得有限的面积能够容纳官员的住处。想必它是为了在废弃近江京以后，也能够容纳迁回飞鸟的民众而规划的。在藤原宫下面也发现有道路遗

1　大和三山：据说是耸立在大和平原上的香具山、耳成山、亩傍山。

● 合理的都城：旨在建设“固定的都城”

藤原京的遗构

通过考古发掘，不仅证明了藤原京是一个正式的条坊制都城，并且从遗址下层发现了天武天皇推进建设的“新城”的工程遗址。这是一个宏大的都城规划，证实了日本的都城开始向“固定的都城”转变。（奈良文化财研究所提供）

藤原京的复原模型

持统天皇继承天武天皇的遗志，建立了与中央集权国家相称的都城。（橿原市教育委员会提供）

迹，所以在建造“新城”的时候，应该没有规划作为城市中心的宫殿。

以往，贵族和豪族在大王宫殿的周边地区都各自拥有土地，随意修建自己的房子，分散居住。天武天皇考虑仿效先进的古代中国的城市，引进其建筑布局。

在前面，我们提到过“天子面南背北”的思想。天武天皇的飞鸟净御原宫就是以南北为中轴线，东南城郭也是天皇背北朝南、群臣列坐南侧的布局。飞鸟地区所建的群臣的宅邸，只要没有地形上的限制，南北朝向的建筑开始大量增多。这是天武天皇虽然没有能够马上迁都，但仍然在逐步推进新的都城建设构想的一个体现。

综上所述，从每次天皇换代修建新的宫殿转变为正式的都城制，即从“移动的都城”转变为“固定的都城”，始于天武天皇。其目的是通过神化自己，从而宣扬绝对的权威，建立中央集权的国家。虽然他没有实现这个目标，但他的妻子持统天皇修建藤原京，完成了他的夙愿，并由元明天皇的平城京所继承。天武天皇的一生中有许多功绩，而他以明确而浅显易懂的思想，推进宫殿、城市的建设这一点，尤其具有先见之明，值得高度评价。

在这一章的开头，我们提到了“大王者，神尔……”这首和歌，而成功地神化天皇，建立各项制度、修建宫殿和城市的，是天武天皇。

第三章

白村江之战：危机产生的大改革

663

日本在白村江之战中大败后，迁都至近江，并重新组织豪族，从而在大津宫开创了日本最早的官僚政治。

转折点◎白村江之战

645年：乙巳之变

转折点③ **663年：白村江之战**

667年：迁都至近江国的大津宫

670年：制定《庚午年籍》[1]

近江大津宫的考古发掘现场（近处）。远处为琵琶湖（1978年2月摄影。图片提供：每日新闻社）

1 天智天皇于670年（庚午）编制的日本最早的全国户籍。登记有户主姓名、家庭成员姓名、与户主的关系、性别、年龄、是否纳税、受田多少等，与捐税账目一起，成为国家掌握居民、租税征收情况的原始资料。

非常时期的都城

上面我们已经说过，在古代，每当大王即位之时，都会迁宫，称为“历代迁宫”。因此，日本古代的王宫数不胜数，其中不少宫殿只有名称被记载下来，人们并不了解它们的具体情况。天智天皇的近江大津宫便是其中之一。由于修建宫殿的时间从667年（天智六年）起，仅有5年多，非常短暂。因此，我想许多人并不知道大津曾经有过都城。

大津宫就是这样一个“虚幻的宫殿”，它的遗址发现于1974年（昭和四十九年）。在改建位于琵琶湖南岸的锦织地区的民房时，人们接连发现了许多古代建筑的柱坑，使这里很快受到广泛的关注。

本来，琵琶湖的周边平地很少，只有湖的四周有一些平地。在这样狭窄的地皮上建满了住宅，所以考古发掘一直难以进展，至今仍然没有弄清它的全貌。

另外，说起古代的都城，许多人联想到的也许是奈良盆地、难波这些“畿内”[1]的地方。我想，有人会对只有这个宫殿位于畿外产生疑问。

那么，为什么只有这里远离畿内，而且在如此短的时

1　畿内：日本古代律令制国家规定的行政区域，指山背（山城）、大和、河内、摄津四国。后从河内分出和泉，成为五国。

间，营建了一个都城呢？这与日本和唐朝、新罗联军之间发生的“白村江之战”关系密切。

白村江之战是古代日本“规模最大的对外战争”，另外，它的失败是古代日本“最大的危机”。也就是说，迁都大津宫，是在“外部压力”的推动下，为了紧急避难而实施的一项举措。

但是，不仅仅如此。大津宫是这个国家开始实施官僚制度的重要都城。我想，正是这次迁都奠定了当时日本的行政基础。

白村江之战大败

那么，我们从“白村江之战”是一场什么样的战役开始讲起。

公元7世纪初，强大的唐王朝建立，朝鲜半岛则有高句丽、新罗、百济三个国家，形成了三国争霸的局面。这个平衡从7世纪中叶开始被完全打破。新罗与唐朝联合，开始进攻百济和高句丽。百济拼死应战，但于660年被灭国。接着，高句丽也于668年被灭国。

自古以来百济一直与倭国友好往来，百济的遗臣一心想要恢复国家，于是渡海，向倭国求援。他们希望让滞留倭国的百济王子余丰璋登上王位，进攻唐朝和新罗，以期卷土重来。

当时，倭国的大王是齐明天皇，其子中大兄皇子执掌朝政。因为两国长期关系友好，因此女皇立刻答应百济的请求，决定派兵救援。她御驾亲征，耗时多日到达筑紫的朝仓宫，把这里作为阵地。当时，齐明天皇已过花甲之年，可以说她的行动力和勇气非常惊人。这不禁令人想起远古时期神功皇后的远征，但也有人认为，神功皇后的轶闻来自这个时期齐明天皇的故事。

也许是由于过度劳累，661年（齐明七年）7月，齐明天皇患病，不久驾崩于筑紫的朝仓宫。中大兄皇子继承遗志，派出第一批援军。第三年，他派出了从全国召集的2.7万人的大军。

《备中国风土记》有一篇文章记录了当时在备中国[1]的迩磨乡进行征兵的情况：

> 皇极天皇（齐明天皇）六年，大唐将军苏定方率新罗军伐百济。百济遣使求救。天皇行幸筑紫，欲出救兵。时天智天皇为皇太子，摄政，从行。路宿下道之郡时，见一乡户邑甚盛，遂下诏试征此乡军士。即得胜兵二万焉。天皇大悦，赐此邑

1　备中国：日本古代的令制国之一，属山阳道，又称备州。领地大约为今冈山县的西南部。

● 日本古代最大的对外危机——白村江之战

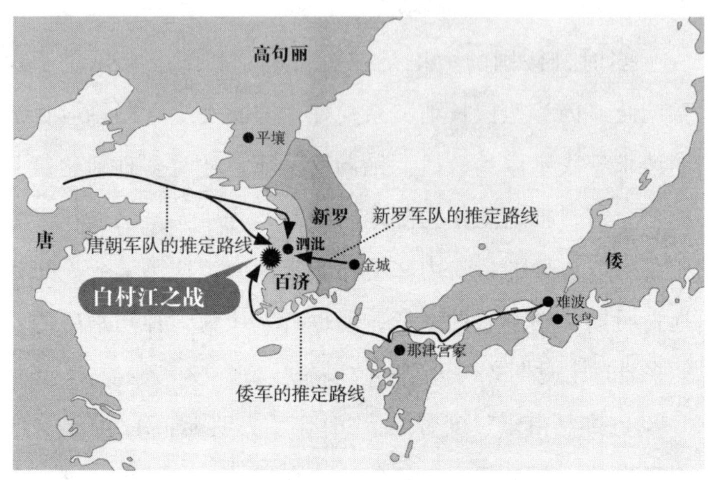

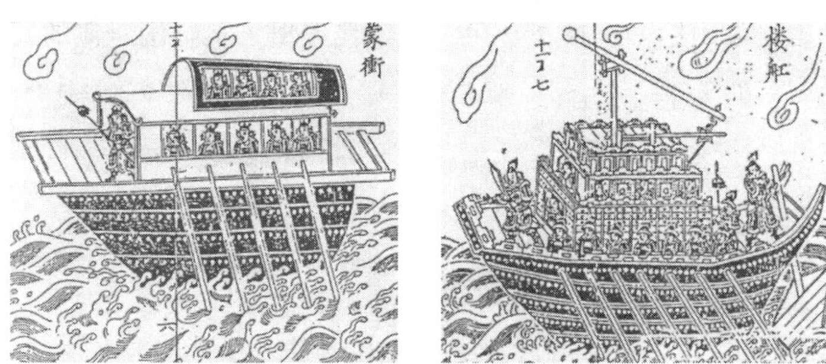

唐军的战船——“蒙冲”和“楼船”
倭国的兵船完全无法抗衡

660年7月，倭国出兵救援被唐朝、新罗联军打败的百济，结果大败。这次战役让倭国看到了唐朝占有绝对优势的军事力量和国力，痛感创建中央集权律令制国家的必要性。

名曰二万乡。后改曰迩磨。其后，天皇崩于筑紫行宫，终未遣此军。

从一个村子征兵两万人，这种描述虽然过于夸张，但从中可以看到当时的社会情况。值得注意的是，这种做法与律令制下按照户籍、捐税账本，每乡50名士兵这样的定量征兵方式大不相同。正如“试征此乡军士”的记载，当时是依据地方豪族的忠诚度和动员能力进行征兵。在这个阶段，朝廷方面还不能预测一个地区征兵的数量。

这样，倭军与唐朝、新罗联军于663年，在朝鲜半岛西岸的白村江（今韩国锦江）入海口展开了一场大规模的海战，结果以日本的大败而告终。

失败的原因是什么呢？首先，军备相差悬殊。联军拥有巨大的军舰和破坏力强大的投石机，而倭国方面只有简陋的装备。比武器更为重要的是指挥系统。联军发动进攻时，鸣锣击鼓，喊声震天，指挥有方，而倭军既没有明确的信号，也没有作战计划，只能进行随机应变的攻击。这是因为，倭国的士兵是从全国动员而来，既没有接受过专门的训练，也不能进行有效的沟通。虽然如此，他们却以为，只要勇敢地冲锋，便能取胜，完全有勇无谋。

据《旧唐书·刘仁轨传》记载，唐朝、新罗联军与倭国水军发生了4次战斗，烧毁了400艘倭船。倭国的船只遭到夹击，被无情地烧毁，浓烟蔽日，染红了海面。想必此种景象十分惨烈。

倭国担心联军乘胜攻入日本列岛，决心加强国土防御。

次年的664年（天智三年），倭国在对马、壹岐、筑紫等处部署了国境警备队，称为“防人”[1]，并设置点火告急的烽火台，在筑紫修筑了水城。所谓水城，是在今太宰府市和博多湾之间修建的全长约1.2公里、高约13米的土垒和在北面的博多湾一侧修建的底部宽80米的巨大壕沟组成的防御设施。另外，西国最大的地方行政机构“大宰府”的前身——那津官家本来位于博多湾沿岸，白村江之战后，搬迁到了内陆（太宰府市）。进而，在从九州到难波的濑户内海沿岸，修建了星星点点的朝鲜式山城，作为敌人袭击时防御的据点，如对马国的金田城、备中国的鬼之城、赞岐国的屋岛城、大和国的高安城，等等。

同时，中大兄皇子于667年将都城从飞鸟迁到了近江国的大津。

那么，大津宫是一个什么样的都城呢？首先，我们看一看它的地理位置。

它位于琵琶湖的岸边，与奈良盆地相比，可以说相当安全。敌人袭击大阪湾时，只要越过生驹山地，便能攻入

1　防人：驻防士兵。日本古代为防御边防要地而部署在筑紫地区的士兵。

● 最重视防御的国家建设和都城建设

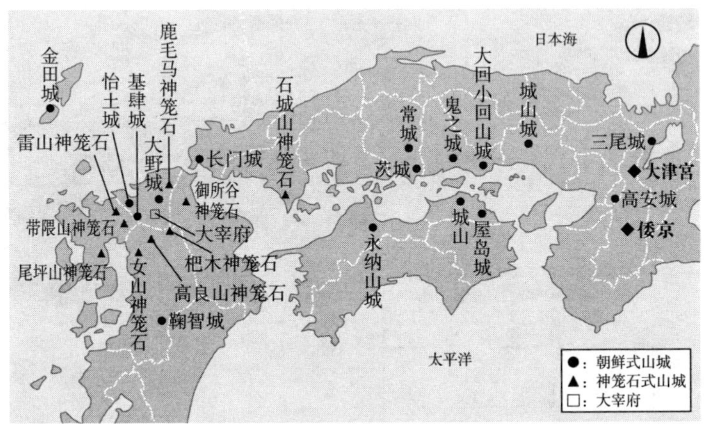

山城的分布

倭国担心唐朝、新罗联军进攻本国，在九州和濑户内海沿岸修建了朝鲜式山城。

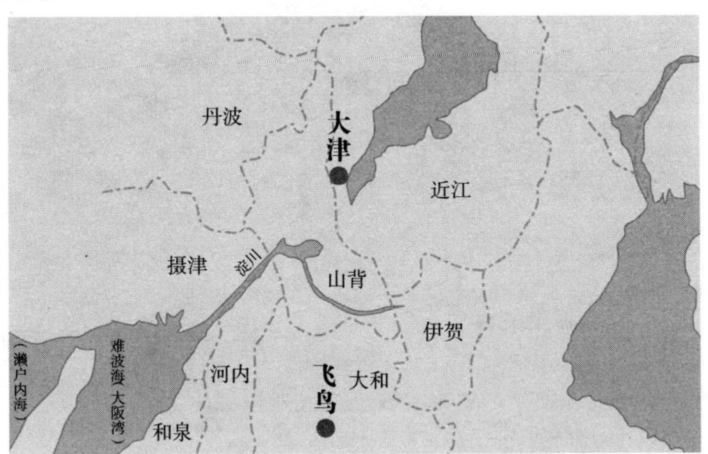

迁都至大津

中大兄皇子担心联军从濑户内海进入难波，攻入奈良盆地，故从飞鸟迁都至大津。

● 大津宫推定复原图

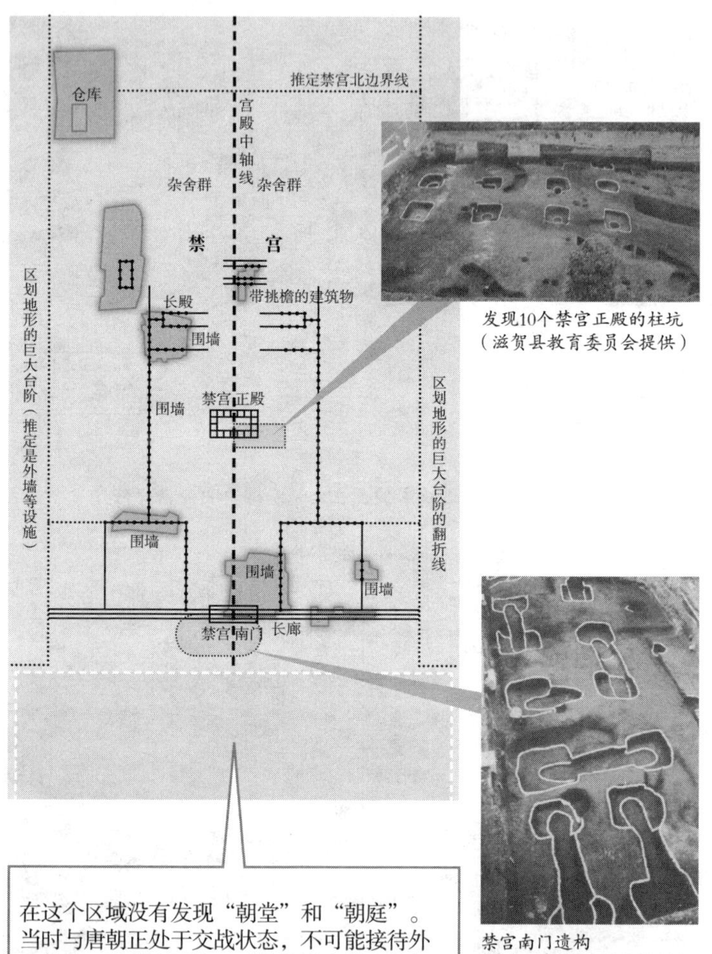

发现10个禁宫正殿的柱坑
（滋贺县教育委员会提供）

禁宫南门遗构
（滋贺县教育委员会提供）

在这个区域没有发现“朝堂”和“朝庭”。当时与唐朝正处于交战状态，不可能接待外交使节，因此有可能一开始就没有设立“朝堂”和“朝庭”。

奈良盆地。敌军会从难波的入海口沿着淀川、宇治川或者桂川等河流逆流而上，这中间有几个地势险要的山谷，可谓易守难攻。另外，大津是去往东国（尾张、美浓、武藏等）的交通要冲，万一被攻陷时，能够后退，补充、增强兵力，重整旗鼓。后来天武天皇似乎考虑过迁都到信浓，在东国保存兵力。刚才我们说，为什么日本古代王宫中唯独大津宫地方偏远，地理位置像个小岛，就是因为这个原因。

接着，我们再看一看宫殿的构造。目前为止，已经发现这里有天皇居住的“禁宫”、天皇处理朝政的“正殿”以及南面的“南门”。通常在它的南面，以东西对称的形式设置“朝堂”，还有它们之间自然形成的、称为“朝庭”的空间。但是，在这里并没有发现朝堂和“朝庭”。

朝堂后来成为行政官员处理政事的“百官之府”，而在这个时候，主要用于接待外国使节时举办仪式、宴会等。因此，在重视接待外交使节的难波宫，设有正式的朝堂。我想，大津宫从一开始也许就没有设立朝堂。这是因为，当时与唐朝正处于交战状态，所以他们可能考虑没有必要设置接待外国使节的地方。

另外，与几乎同时期的后飞鸟冈本宫（齐明天皇的宫殿）、位于难波的副都难波长柄丰碕宫相比，大津宫的整体规模也相当小。

由于以上原因，无论是从作为都城来看，还是从作为

● 用来防御大津宫的四个寺院

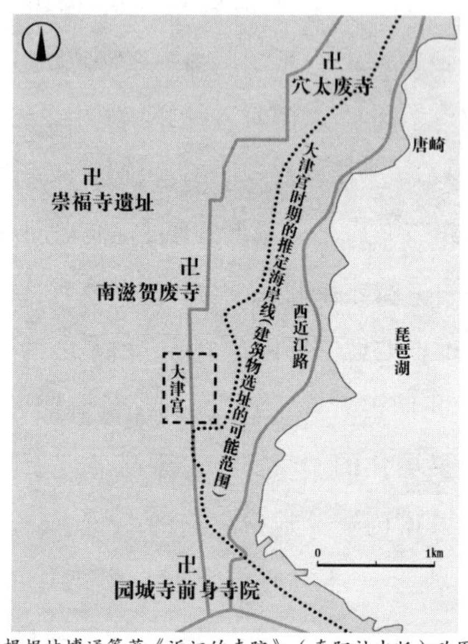

根据林博通等著《近江的寺院》（真阳社出版）改图

崇福寺金堂遗址碑

建于668年（天智七年）的崇福寺是志贺山路的要冲，因此一般认为它具有重要的军事要塞的作用。（大津市产业观光部观光振兴课提供）

特别行政区划的首都来看，大津宫的功能都相当不完善。另一方面，大津宫在防御方面有很大的优势。例如，我们已经知道，为了加强宫殿的防御，修建了四个寺院。按照从北向南的顺序，分别是穴太废寺、崇福寺遗址、南滋贺废寺、园城寺前身寺院。正如大化改新时的飞鸟寺那样，古代建有结构牢固的塔的寺院，在战时可以用作军事要塞。尤其是，崇福寺遗址位于通往京都的、越过比睿山的路途中（志贺山路）。目前正在对它进行考古研究，这将会为考察大津宫的功能提供各种各样的线索。

综上所述，总体来看，大津宫的特点是：适合战时、功能具有选择性、防御坚固。

中大兄皇子与乙巳之变的真相

中大兄皇子迁都到畿外的近江京，遭到了豪族的强烈反对。《日本书纪》记载了当时的这种情况：

> 天下百姓，不愿迁都，讽谏者多。童谣又众。日日夜夜，失火之处多矣。

也就是说，社会上开始流行批判政治的打油诗（童谣），而且出于不满，纵火的事件接连不断。另外，也有像大伴氏、倭汉氏、忌部氏等，不满迁都、不愿离开飞鸟的豪族。但是，中大兄皇子坚持迁都。这是因为，迁都到近江，不仅是为了白村江之战大败后防备外敌进攻，也是为了实行有力的政治改革。

为了阐述这一点，我想有必要在这里简要地讲一讲天智天皇是一个什么样的人物，以及他迁都之前的事迹。

中大兄皇子生于626年（推古三十四年），父亲是舒明天皇，母亲是皇极天皇（齐明天皇）。

父母都是天皇，所以他是一位血统无可挑剔、自幼才华出众的皇子。他的周围有许多竞争对手，与他争夺皇位继承权，所以他的地位并非从一开始就十分稳固。

在中大兄皇子的少年时代，苏我氏在政界发挥着重要的作用。从上一代苏我马子的时候开始，苏我氏便是支撑政权的功臣。但到了苏我虾夷、苏我入鹿父子时期，苏我氏日益专横跋扈。于是，中大兄皇子和中臣镰足决定联合诛灭苏我氏。这就是被称为“乙巳之变”的武装政变。

据传，经过秘密的策划，他们决定于645年（皇极四年）6月举行朝鲜半岛三国的使者向大王进献贡品的仪式这一天实行计划。当天，在皇极天皇的飞鸟板盖宫的“朝庭”上，政变的同盟之一苏我仓山田石川麻吕宣读三国的上表文，由于过于恐惧而声音颤抖。苏我入鹿有所怀疑，问道：“发生了什么事？”这个时候，中大兄皇子扑上来，不由分说地杀死了他。后来，中大兄皇子等人又逼迫苏我虾夷自杀，这场内乱宣告结束。接着，孝德天皇改年号为“大化”。翌年正月，孝德天皇颁布《改新诏书》，宣布实行新的政治体制。

一般理解，乙巳之变是中大兄皇子和中臣镰足等人进行的一场“社会变革”性质的武装政变。中大兄皇子想要抑制豪族的势力，恢复“天皇亲政”。但是，最近出现了一种解释，认为这场政变的原因在于，围绕当时紧张的朝鲜半岛形势，朝廷内部产生了对立。朝廷内部分成两派：一派人赞同苏我氏的路线，主张与唐朝保持距离，而与百济维持亲密的关系；另一派人则主张亲近唐朝，同时亲近与之建立同盟的新罗。

最近比较主流的看法认为，对立的关键人物是皇极天皇的弟弟、在武装政变后登上皇位的孝德天皇。有可能孝德天皇认为，出于对国际力量的考虑，只能亲近唐朝。但是唐朝“不承认女皇”，所以他铲除苏我氏，强迫皇极天皇退位，自己登上了皇位。然后，他于651年（白雉二年）迁都至难波长柄丰碕宫，使之成为政治改革的中心。

皇极天皇和中大兄母子被迫退位后，并不甘心，虽然暂时服从了孝德天皇，但是不久双方便开始关系不和。

皇极天皇母子从对唐朝的独立立场和对新罗的大国立场出发，依然坚持以往的亲百济路线。这个分歧越来越大，母子二人约定于两年后的653年（白雉四年）回到了飞鸟。这个期间，亲百济派的大臣取代了亲唐派的大臣。群臣中许多人也跟随母子二人回到飞鸟，留在难波宫的孝德天皇由于过于气愤，因病驾崩。这样，皇极天皇再次登基，成为齐明天皇。

虽然这种看法与以往截然不同，但是必须考虑这样一个事实：《藤氏家传》把中大兄皇子和中臣镰足描绘成大化改新的核心人物，但这本书很大程度上经过后世的藤原仲麻吕等藤原氏后裔的润色。而且，齐明天皇和中大兄皇子的这种亲百济路线，最终导致了数年后的救援百济和白村江之战。

那么，《改新诏书》提出的是一种什么样的体制呢？下面，我们列举它的四条主要内容。

值得一提的是，虽然根据《日本书纪》的记载，政变之后孝德天皇接二连三地颁布了新政，但是有些政策在646年还不能实行，而且有些政策与编纂《日本书纪》时（720年）的法律《大宝律令》（701年）基本相同。因此有人就此提出疑问，认为这是后来追记的内容，目的是为了用功绩粉饰血腥的政变。在这里我们不作详细的讨论，只是简略地阐述一下当时进行的改革：

第一条　公地公民制（废除豪族所有的私有

土地和私有民，全部收归国有）；

第二条　建立京城和地方的统治制度（制定京师的统治措施，在地方设置郡司等官职，实行统一的行政体系）；

第三条　编制户籍，登账，实行班田收授法（在全国编制户籍，分给口分田）；

第四条　废除旧的赋役制度，实施田调[1]税制（制定和实施新的税制）。

总之，改革的最终目标是建立中央集权的统治体制，使天皇成为独一无二的最高统治者。为此，就要改变豪族原来的生活方式，把他们转化为忠于国家的官僚，并且建立起使用这些官员征收、管理税收和兵力，以之作为国库来源的统治体系。简而言之，这些目标就是实现“公地公民”和“官僚化”。

当然，这样的改革一直难以推进。就在这个时候，白村江之战爆发，日本大败，遭遇了前所未有的国家危机。中大兄皇子决定将这次危机当作一次机遇，利用它来推进政治改革。

1　调：贡品。日本律令制中以实物纳税的一种方式，以土地的产物作为纳税品。

真正的败因是“落后的政治”

这样说，也许有人会问，战败和政治改革如何联系在一起？白村江之战最大的败因，归根结底不是军事力量，也就是说，并不是武器的多寡、作战计划的优劣，而在于战场上缺乏指挥者和指挥体系。这是因为，如果要在短时间内征召调动数万人的军队，那么，全国各地就要建立有条不紊的指挥体系。但是，当时的倭国远远达不到这种程度。它没有唐朝那种能够最大限度地发挥国力的体制，国家组织的建设依然停滞不前。我想，二者之间的这种差距乃是问题的根本。

一个证据就是，在这场战役中，从接到求援，到实际派兵，用时两年之久。从这一点来说，被唐朝、新罗联军打败，也是理所当然。

在此之前，日本一直采取豪族合议制。中大兄皇子想要完全推翻这种形式，建立起一切权力归于天皇，天皇发出的命令能够迅速传达、贯彻到基层的政治体制。

而在平时无法推行这样的改革，所以他巧妙地利用白村江之战的失败，强行迁都，从而推进政治改革。我想，正是由于在战争中遭受沉重的打击，所以中大兄皇子加倍发愤图强。

值得一提的是，在第一章中我们讲到，圣武天皇也同样试图通过迁都，让豪族离开自己的家乡，剥夺他们的既得权益，推进改革。中大兄皇子迁都到近江，远离飞鸟等豪族的地盘以后，限制了他们与这些地方的经济联系。这样，经济基础薄弱的中小豪族开始依赖朝廷获得生活来源，从而成为朝廷官员。在这个意义上，大津宫也可以说是官僚诞生之地。

我们前面说过，圣武天皇效仿了壬申之乱时大海人皇子的行军路线，同时也效仿了中大兄皇子迁都到近江的许多做法。

中大兄皇子顽强地渡过了古代日本最大的一场危机，同时着手进行古代日本第一次正式的政治改革。如果我们认识到，迁都到大津宫，不仅是为了军事防御，更是为了进行政治改革，就会有一些不同于以往的、有趣的发现。

官僚的诞生

667年，中大兄皇子迁都到大津宫，翌年即位，成为天智天皇。母亲齐明天皇驾崩后，他一直以皇太子的名义称制，时间长达7年，此时，距离乙巳之变铲除苏我氏已经23年。那么，我们看一看天智天皇实行的改革。

白村江之战失败后的翌年（664年），天智天皇宣布进行三项改革。由于这一年是甲子年，故称为《甲子之宣》。内容是：第一，制定二十六级的官位制度；第二，将氏族等级分成大氏、小氏和伴造，由朝廷任命“氏族长”；第三，规定各氏族的民部[1]、家部。这些改革措施是为了进一步推进大化改新以来建立的“官僚制”和“公民制”，把民众重新纳入以天皇为最高统治者的统治机构。

下面，我们对这三项改革逐一加以说明。

首先，是第一项内容。圣德太子时期，豪族的官位是十二级，此时增加了一倍多，分成二十六级。这是为了完善功绩评定和晋升方面的规定。例如，当时地方行政官员称为“国司”，它与后世驻在固定任地的“国司”不同。国家尚未设立作为官署的国府，因此国司像天皇的使者一样定期到地方四处巡视。但是，从这个时候开始，已经粗略地制定了依据官位等级赴任的各个地方的等级，建立了按照一定的任期轮换任务的官僚体系。也就是说，当时的情况是：不断调动工作，顺利完成任务后，便可以晋升。官位等级划分细致、完备，易于应对定期晋升的制度。《改新诏书》颁布以后，在以天皇为核心的中央集权体制下，豪族被剥夺了特权和财产（私有土地、私有民等），由国家授予他们相应的官位。二十六级官位应运而生。

1 民部：日本律令制前豪族的私有民，必须缴纳租税、从事劳役，被冠以豪族的姓氏。大化改新后废除。

另外，在此之前，豪族的身份取决于氏族的等级和门第，基本上一生不会有太大的变化。换言之，人们不会比出身变得更加高贵。经常有人认为，十二级官位虽然也是对个人功绩的评价，但根本上还是论资排辈，地方豪族被排除在外，功绩评价标准不明确，官职没有保证，制度尚不健全。

在新的制度下，如果官员政绩优秀，便有可能提高社会地位和门第。这是一种“成果主义”，是一种进步的思想。天智天皇可以说是把晋升竞争引入古代日本社会的第一人。

第二项内容是为了推进一直难以落实的氏族政策。这项政策将氏族分成大氏、小氏、伴造三个等级，由朝廷任命各个氏族的官方代表（氏族长）。以前，由谁担任一族的首领，都是由各豪族自己决定，可以说天智政权闯入了私人的领域。

第三项的“民部”和“家部”，指的是豪族的私有民。由朝廷结合第二项的等级划分，决定其数量。拥有民部、家部是豪族的特权，《改新诏书》中有明文规定，原则上要予以废除，但是相当难以实现。因此，天智天皇采取了这样一种形式：豪族把这些私有民归还朝廷，然后由朝廷按照身份、氏族等级重新分配给他们。民部、家部后来被完全废除，但是在这个阶段，这项政策还不能一步到位。所以天智天皇当时有可能考虑，先改变豪族的认识，让他们认识到，拥有私有民不是他们与生俱来的特权，而是朝廷给予他们的。

由朝廷任命氏族长，而且由朝廷决定私有民的人数，毫无疑问豪族会强烈反对。但是，天智天皇并没有退缩，坚持推进这项政策。

除了《甲子之宣》以外，天智天皇完成的另一件大事是编制了日本最早的户籍《庚午年籍》，它完成于670年（天智九年）。户籍是掌握民众情况的原始资料，是征税、征兵、征用劳动力等的基础。可以说，编制户籍是一项极其重要的工作。

例如，刚才我们讲到，白村江之战的时候，从全国征兵历时两年。这是因为当时没有户籍，朝廷无法掌握什么地方居住着多少人口。而大约10年后的壬申之乱时，仅仅半个月便完成了征兵工作。这显然是有无户籍造成的差异。

那么，这部《庚午年籍》是如何编制的呢？大概情况是，以村和氏族等为单位进行调查，记录户主姓名、家庭成员姓名、与户主的关系、年龄、《甲子之宣》规定的家部、民部等内容。在律令制下，每6年更新一次户籍，一次完成后保存30年，以后按从旧到新的顺序进行废弃处理。但唯独《庚午年籍》例外，被永久保存。这是因为，它是一部收录了所有姓氏的全国户籍，所以后来作为原始资料仍然受到重视。以现在来说，编制户籍就相当于人口普查，在全国实施这项工作，想必当时需要超乎想象的人力。正因如此，它的意义也非常重大。

在天智天皇实行的政治改革中，还有一项值得一提的改革。那就是，他开创了“文件政治”。

以往的政治基本上都是“口头决定的政治”，凡事口头决定。从现在来看，这种方式既不明确又不正式，但事实上并非如此。正如在古代日本有一种称为“言灵”[1]的思想那样，在古代政治中大王所说的话都有意义。如果要准确、广泛、迅速地自上而下地传达命令，并且保留记录，以便追溯过去，那么必然就会转变为“文件政治”。而开创这种政治的，乃是天智天皇。

本来，文字的历史并不古老。天智天皇时期，即使从政的、具有影响力的豪族中，也有许多人不会读写。天智天皇认为，进行文件记录尤为重要的是汉文，应把汉文作为行政官员的必修科目。为此，天智天皇在大津修建了学校，聘请流亡日本的百济人做教师，就像明治新政府雇佣“御雇外国人”[2]培养官僚那样，开始培养朝廷官员。近江是传统上百济人比较多的地方。

1　言灵：在古代日本，语言被认为具有神灵的力量。
2　御雇外国人：明治初期，为学习西方的知识、技术、政治制度，日本政府雇佣的外国人。

这项改革的证据之一就是，从大津宫遗址出土了许多称为“音义木简”的文物。所谓音义木简，就是一种辞典，用汉字表示相对应的口头语言。例如，用汉文“赞”表示日语口头语言“tasuku”，用汉文“精”表示日语口头语言“kuwashi”。这样的文字用墨书写在木简上。

另外，与官员处理公务关系密切的是漏刻。660年（齐明六年）首次把漏刻引进日本的，是中大兄皇子（天智天皇），当然也是安装在大津宫。朝廷用它来准确地计时，鸣钟告知官员们上班和下班的时间。

这样，天智天皇提高了官员的识字率，提高了行政水平。通过这个方法，国家能够按照户籍等资料征税和征用劳动力，进而定期向全国派遣官吏，担任掌握军事大权的国司。

如今，我们说起“文件政治”，都称为“形式主义”或者“官僚作风”，但在当时是一种先进的方法。

综上所述，日本在遭遇白村江大败的危机以后，在大津宫开始了改革，从而给这个国家不成熟的古代政治带来了划时代的变化。以前生活在自己的世界里、只考虑自己的事情的豪族，在大津宫逐渐改变意识，转化为效忠国家的官僚。

大津宫的影响

随着朝鲜半岛形势的变化，大津宫结束了它的历史使命。

继百济灭亡（660年）之后，高句丽也于668年灭亡，从而形成了新罗一国占据朝鲜半岛的局面。此后，新罗开始发动对唐朝的战争。在这种形势下，倭国不再担心唐朝和新罗联合攻打自己，天智天皇等人也就不再为了防止敌人的袭击，而特意挤在狭小、不便的宫殿中生活。

671年，天智天皇去世。此后在壬申之乱中取得胜利的天武天皇毫不犹豫地把都城迁回飞鸟，他认为危机已经过去。

由于这个原因，最终大津宫结束了自己的历史。这个都城在各方面都有划时代的意义，在历史上具有重要的意义。它具备适合战时的地理位置和结构，除此之外，不少地方对后来的宫殿和都城都产生了影响。

例如，在水陆交通方便这一点上，有值得重视的地方。大津适合利用淀川水系（濑田川—宇治川—淀川），与难波一带进行贸易。由此向前，与濑户内海的海运相连接。使用琵琶湖的船运，去往北陆，与日本海一带进行贸易也极为方便。不仅是船运，陆路交通也十分便捷。它与东海道、东山道、北陆道相连，陆路四通八达，无疑是交通要冲。从这一点说，在日本古代都城中，交通条件最为优越的是大津宫。在因水陆交通便利而选为都城这个意义上，大津宫对桓武天皇的平安京产生了重要的影响。

另外，由天智天皇创始的“文件政治”，进一步产生了其他效果。那就是文艺的发展。许多官员开始喜好文

● 天智天皇和漏刻

落水遗址的漏刻台遗迹（飞鸟）

中大兄皇子（后来的天智天皇）为了报时，在飞鸟都城修建的日本最早的漏刻台遗迹。石头装饰的基座上矗立着高大的宫殿，一层安装来自古代中国的漏刻，二层设有用于报时的钟和鼓。（奈良文化财研究所提供）

漏刻的复原模型（奈良文化财研究所提供）

学，形成了一定的文学素养，从而促进了汉文、汉诗，以及和歌、物语文学的发展。

在飞鸟、奈良时代，涌现了许多像柿本人麻吕、山部赤人这样的“宫廷歌人”。陪伴天皇行幸或者举行仪式时，他们会吟诵和歌，从而升官晋职。可以说，这带来了另一个有趣的社会变化。

第四章

“日出处天子”的都城

603

被隋朝皇帝称为“蛮夷”的倭国，为了洗刷污名，开始了“文明开化”。

转折点◎迁宫至小垦田宫

600年：派遣第一次遣隋使

转折点④ **603年：迁宫至小垦田宫**

制定十二级官位

604年：制定《十七条宪法》

607年：派遣第二次遣隋使

堪称建国起源的都城——小垦田宫遗址（奈良县明日香村）

受到“外部压力”而觉醒的先例

听到古代国家的日本或者日本的古代王权时，也许不少日本人首先会想到飞鸟时代。当然，如果谈论日本起源于什么时候，那将另当别论。这个时期是称为“大王”的君主作为“国家”的领导者，而不是氏族或地区的首领，对国土和人民实行全面统治。在这个意义上，从大约7世纪开始，在奈良盆地南面的飞鸟这个地方建立的古代王权，可以说是日本这个国家的雏形。

在最后一章中，我们看一看生活在飞鸟时代的推古天皇。

“天皇”之前的“大王”这个称号表示什么意思呢？它是指日本各地的许多“王”中地位最高的“王”，即最高等级的“王”。因此，大王并不一定出类拔萃、超越常人。也有势单力薄或者影响力不大的大王。推古天皇统治时间长，作为女性领导者其能力无可挑剔，是日本历史上一位十分重要的大王。

前面我们说过，最早使用天皇这个称号的大概是天武天皇。但也有一段时期，人们认为是推古天皇最早使用这个称号。现在这种说法被否定了，但是从她的事迹来说，这种说法并不是全无道理。

前一章我们讲到，由于“白村江之战”这场日本古代规模最大的对外战争，人们产生了强烈的恐惧感和危机感。所谓“因祸得福”，它推进了日本的政治改革。推进这场政治改革的人，是天智天皇。由于对外的危机意识，即“外部压力”，民众被迫觉醒，出现了意想不到的进步。这种先例已经存在，它就是推古天皇的统治时期。

在前面第二章中，我们曾经介绍天武天皇创造了许多日本的第一，而推古天皇也创造了许多日本的第一。

第一，她是日本第一位“女皇”。

第二，在此之前宫殿只是大王的住所，推古天皇第一次增加了行政功能，还有举行仪式、庆典等各种功能，使之超越了以往“宫殿”的含义。

第三，推古天皇通过在飞鸟地区建造宫殿，开启了被称为“飞鸟时代”的历史时期。在这一点上，她也是日本历史上的第一人。

飞鸟首位女天皇的诞生

那么，推古女皇是一个什么样的人物呢？下面，我们从这里开始谈起。

推古天皇生于554年（钦明十五年），幼名为额田部皇女，父亲是钦明天皇，母亲是权倾朝野的豪族苏我稻目的女儿、苏我马子的姐姐苏我坚盐媛。据传，额田部自幼头脑清晰、性格刚强、容貌美艳，长大后成为敏达天皇的皇后，生下竹田皇子等儿女。

作为外戚，苏我氏是额田氏的后盾。关于苏我氏的起源，有许多不明之处。它是从大约6世纪开始，在河内的石川、大和的曾我等地拥有强大势力的豪族。最早崭露头角的是苏我稻目，他将儿子苏我马子的姐妹苏我坚盐媛和苏我小姉君二人嫁给了钦明天皇，从此进入政界。恰好那时佛教传入日本，苏我氏致力于佛教的保护和推广，并运用归化人[1]的技术，在开发土地、进行土木工程时，成功地进入了飞鸟地区。总之，可以说，苏我氏是一个能够吸收利用新事物、具有先见之明的一族。

苏我马子继承苏我稻目的大臣之位，巩固了自己的地位。同时，他与额田部皇女相互串通，在敏达天皇去世后，拥立额田部的同母兄用明天皇即位，又在用明天皇去世后，拥立额田部的异母弟崇峻天皇即位，掌控了朝政大权。

不久之后，苏我马子与自己支持的崇峻天皇开始关系不和，并杀害了崇峻天皇。当时的大王并不像后世那样被神化为“现人神”[2]，而是现实的人，如果没有实力，便得不到支持。因此，用现在的标准来批评苏我马子是不正确

1　归化人：指古代从中国、朝鲜半岛移民到日本的人。

2　现人神：一般用来指天皇，表示皇祖神灵附于御体，相当于后世的“活神”。

的。但是杀死在位的天皇仍然不妥，所以后世一直称苏我马子为弑君的逆贼。

这次事件之后，在苏我马子的有力支持下，592年（崇峻五年）额田部皇女登上皇位，成为推古天皇。宫殿是丰浦宫。

正如第一章所说，当时女性当天皇并不是禁忌，只要人品端正、深得人心、年龄适当，便可以称帝。推古天皇虽然是女性，但她是众望所归，又有苏我马子这个强大的后盾，所以她的即位顺理成章。

根据《日本书纪》记载，推古天皇在即位的同时，将其兄用明天皇的儿子、以聪慧闻名的侄子厩户皇子（后来的圣德太子）立为太子，并任命他为摄政，辅佐自己执政。但是，对于她把厩户皇子立为唯一有皇位继承权的皇太子和任命其为摄政一事，有人提出了质疑。

日本古代王权修建的都城遍布近畿地方，在推古天皇稍前的6世纪，主要以奈良盆地南面的磐余（今樱井市）为中心。例如，继体天皇的“磐余玉穗宫”、用明天皇的“磐余池边双槻宫”，等等。为什么后来宫殿迁到了飞鸟呢？这也与苏我氏有很大关系，因为飞鸟是苏我氏的地盘。可以说，都城被苏我氏“招商引资”到了飞鸟。

本来，飞鸟靠近山，平地少，不适合农耕。但苏我氏用古代中国传到日本的农具和灌溉技术，把飞鸟改造成生产率相当高的地区。据说，飞鸟川现存的堤坝中，木叶堰

● 推古天皇相关系谱图

苏我稻目
苏我马子
苏我小姉君
苏我坚盐媛
钦明天皇
石姬皇女
推古天皇
敏达天皇
崇峻天皇
穴穗部间人皇女
用明天皇
竹田皇子
厩户皇子
天皇
女天皇
女性

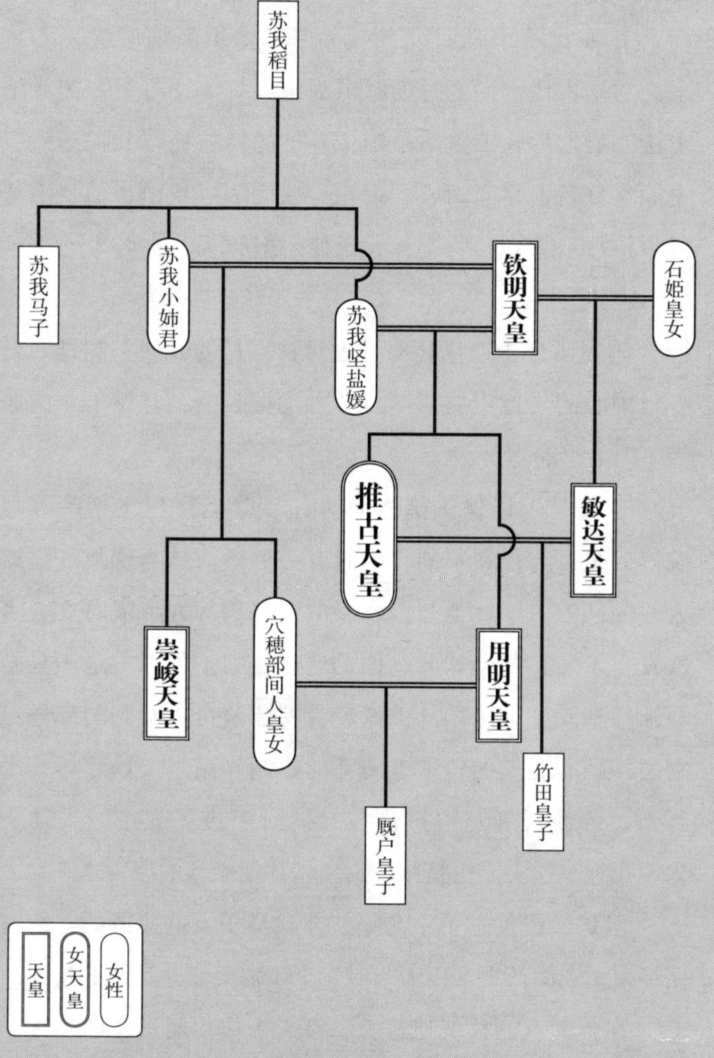

和丰浦堰的历史可以追溯到7世纪前半叶。

在苏我马子时期，有一种用于修筑高强度堤坝的技术。它从古代中国通过朝鲜半岛传到日本，称为“铺叶施工法”。这种施工方法是把带叶子的树枝搅拌到泥土中，去除水分后，捣固而成。现在，在大阪府狭山市的狭山池博物馆可以看到实物。苏我氏使用归化人，在各个地方运用了这种新技术。

丰浦宫位于奈良县明日香村甘橿丘的北面、穿过明日香村中心的飞鸟川的西岸。考古发掘表明，它位于今向原寺（旧为丰浦寺）。

苏我马子以保护佛教而著称，曾经修建飞鸟寺等寺院。但是，与现在不同，当时有一种倾向认为佛教是蛊惑人心的邪教。因此他与废佛派的物部氏等人形成对立，多次发生矛盾。尽管如此，他仍然热心拥护佛教。这不只是寻求精神支柱，正如从佛像、寺院建筑可以看到的那样，它还伴随着金属的铸造、砖瓦的烧制、高塔的修建等技术革新。苏我氏通过引进佛教，同时引进了先进的大陆文化。我想，这一点也是苏我氏超越其他豪族的原因之一。

但是，仅仅过了十几年，苏我马子支持建造的丰浦宫便结束了它的历史。因为当时发生了需要紧急迁都的情况。

在丰浦宫的柱坑遗迹上，有人为拔出时形成的痕迹。而且铺在地面的石头也不是自然脱落，有硬拆时形成的痕

● 推古天皇在丰浦宫即位

飞鸟最早的宫殿“丰浦宫”

从明日香村甘橿丘的原丰浦寺遗址下发现的丰浦宫遗址。推古天皇于592年在丰浦宫即位，十多年后在雷丘的山脚下新建了小垦田宫。（奈良文化财研究所提供）

飞鸟相关地图

迹。虽然建筑材料的再利用并不罕见，但是也有一种可能是，宫殿不是被自然废弃。为了修建新宫殿，再次使用了旧宫殿的建筑材料。

新建的宫殿称为“小垦田宫”，位于丰浦宫的北面、雷丘的山脚下、飞鸟川的东岸。推古天皇下令把从旧宫殿拆下来的建筑材料运到相隔不远的地方，突击建造了一个新宫。

从“宫殿”到“都城”

仅仅十几年，便废弃好不容易修建起来的宫殿，急于改建新宫，究竟是为什么呢？这是因为“外部压力”。

推古天皇即位的时候，在大海的另一边，诞生了一个超级大国。这就是隋朝。与它接壤的朝鲜半岛上的高句丽、百济、新罗等国考虑到东亚的力量均衡，立即派遣使者，接受了册封（建立名义上的君臣关系）。而倭国自遥远的478年倭王武（雄略天皇）遣使南朝宋以后，一直再没有与古代中国建立邦交。出于政治原因，倭国于600年（推古八年）派遣了第一次遣隋使。其间，相隔了120多年。

由于空白期过于漫长，也许不知不觉之间，倭国已经跟不上潮流了，倭国的使者完全受到了轻视。《隋书·倭国传》记载了事情的经过：

公元600年，倭王遣使来朝。因为是初次接见的国家，因此高祖文帝问其风俗。“使者言，倭王以天为兄，以日为弟，天未明时出听政，跏趺坐，日出便停理务，云委我弟。高祖曰：‘此太无义理。’于是训令改之。”

推古天皇派遣使者漂洋过海，千里迢迢地来到隋朝，结果却颜面尽失。这使推古天皇认识到自己的做法在国际社会完全行不通，也不符合礼节。

《日本书纪》没有记载有关这位使者的故事。恐怕是因为过于屈辱，所以没有记录。此后，为了一雪前耻，同时，也为了在正在形成新的势力均衡的东亚不落后于他国，推古天皇强烈地认识到，必须建立国际通用的政治制度、设施和礼仪。

这一事件发生之后，推古天皇舍弃了以前的丰浦宫，开始建造新宫。倭国的使者在回国前，参观了古代中国都城的设施，学习了依据礼法制定的官位等级、服饰、礼仪等方面的知识。推古天皇似乎考虑要在下一次遣使前完成这些变革。当然，更重要的原因是，为了与隋朝建立正式的邦交，这是必须解决的外交问题。这就是不惜拆掉旧宫殿，采用旧宫殿的建筑材料、建造新宫的原因。

我们看一看这样建造出来的小垦田宫的推定复原图。虽然是古代的宫殿，比较简朴，但它采用的是以往大王宫殿见不到的复合结构。

北面的“大殿”基本上相当于后来所说的“禁宫”，是天皇平时的住所。在这个大殿的前面设有一个小的空间，是用于召见大臣、下达命令的地方。后来的宫殿在这里修建了大安殿、大极殿，但在这个时候它们尚不存在。打开南面的大门，左右各有一个厅，这是举行正式活动和仪式时大臣们聚集的地方。左右两个厅之间是一个开放的广场，称为“朝庭”。这里是迎接国外使节、举办宴会时的公共场所。这个空间相当于后来的“朝堂院（朝堂）”。不过，它还没有像后来那样，成为设有“百官之座”、官员们处理政务的地方。再南面也有一个宫门，外面有另一个空间。这里是作为殡宫的地方，大王去世时，在这里停放遗体、举行吊丧。也就是说，小垦田宫分为三类空间，共有三处庭院。

另外，小垦田宫左右对称、布局整齐，这一点也受到人们的关注。

在修建小垦田宫之前，大王的宫殿只有大殿和门，只是大王的住所。大王、皇子、皇女、皇妃住在各自的宫中，豪族住在各自的宅邸，各自分散地生活。尽管简朴，除了大王的住所以外，小垦田宫又增加了豪族处理公务、接见外国使节、举办丧事活动等的空间，可谓是王宫和官署合一的雏形。我想，这是“宫殿”向未来的“都城”“京城”转变的先例。值得一提的是，日语中表示

● 为了融入国际社会而建造的小垦田宫

小垦田宫遗址的遗迹

用墨写着“小治田宫”的土师器*（明日香村教育委员会收藏）

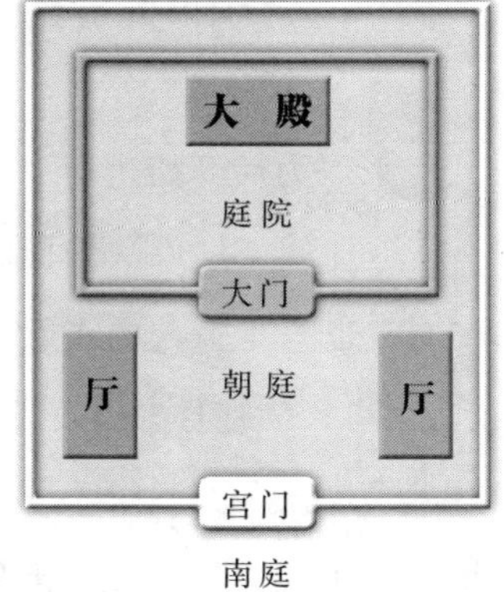

南庭

小垦田宫的推定复原图

除了天皇居住的“大殿（后来的禁宫）”外，还设有大臣们举行仪式和庆典的“厅”、迎接国外使节的“朝庭”。推古天皇仿效古代中国的都城，努力建造国际社会通用的宫殿，使得以往作为大王住所的“宫殿”开始向“都城”转变。

* 土师器：日本古坟时代以后使用的赤褐色素烧土陶器。其年代在弥生土陶器之后。

（图片全部由奈良文化财研究所提供）

都城的“みやこ”，从词源来说，就是表示有“宫殿（みや）”的“地方（こ＝ところ）”。不久，小垦田宫又修建了寺庙、官署、官员府邸、条坊制的道路等设施，发展成为像平城京、平安京这样正式的都城。

这样看来，我们会产生这样一种印象：小垦田宫虽然是日本最早仿效古代中国的都城建造的宫殿，但却是全面仿效。恐怕推古天皇急于建造新宫，就如同日本门户开放以后，为了应对西方，急于修建“鹿鸣馆”。

“国家”意识由此觉醒

推古天皇受到外来压力后开始进行的变革，不仅在于修建规模宏大的王宫这样的“硬件”方面，而且在政治、礼仪等“软件”方面，也有了惊人的飞跃。这个时候与苏我马子一起支持推古天皇，为把日本建设成在国际社会毫不逊色的国家而做出贡献的，是厩户皇子（圣德太子）。

刚才我们也谈到，圣德太子是推古天皇同父同母的兄长用明天皇的儿子。据说他能够同时听十个人说话而清楚地记录全部内容，是一个留下许多天才故事、具有传奇色彩的人物。后世流传的圣德太子的事迹在很大程度上经过后人的润色，但毫无疑问他是一位具有杰出能力、富有才干的执政者。

圣德太子等人在推古天皇统治下做出的最大功绩，也许是603年制定的“冠位十二阶”和翌年制定的《十七条宪法》。

所谓“冠位十二阶”，是将朝廷官员的等级分为十二级（大德、小德、大仁、小仁、大礼、小礼、大信、小信、大义、小义、大智、小智），通过官帽的颜色进行区分，使人一目了然。官帽用粗绸布制成，朝廷官员在举行正式仪式时，头戴官帽，在“朝庭”上排成整齐的行列。这样，官帽成为极易识别的等级标识。当然，这种方法不仅使官员等级极易识别，也会使官员产生强烈的等级意识。对于培养礼仪来说，这是一种有效的办法。“冠位十二阶”制度由后来的遣隋使传到了隋朝，《隋书·倭国传》记载了冠位制度的内容，但德目的顺序有所不同。

我们在此列举一下《日本书纪》中有关“冠位十二阶”的内容：

> 十二月五日，始行冠位。大德、小德、大仁、小仁、大礼、小礼、大信、小信、大义、小义、大智、小智，共十二级，并以当色[1]之絁缝之。顶撮总如囊，着缘。唯元日插以髻华[2]。

1　当色：日本律令制规定的官员与位阶相配的服饰的颜色。
2　髻华：头饰，花饰。上古时代插在头发或头冠上的装饰品。

《十七条宪法》是日本首次制定的法律。与其说是法律，不如说是官员处理公务时的注意事项。下面，我们归纳介绍前三条：

第一条　以和为贵、无忤为宗。

第二条　笃敬三宝（佛、法、僧）。

第三条　承诏必谨。

《十七条宪法》是日本最早的成文法典，内容是豪族、官吏要遵守的道德训诫，用17条汉文写成。它的主要内容是绝对服从命令、尊重众议、崇尚佛教，等等。受佛教、儒教、法家的影响较大，作为“古之良典”，它多处引用了《论语》《孝经》《尚书》《礼记》等儒家经典、《法华经》等佛典、《管子》《韩非子》等法家典籍。

据《日本书纪》记载，“皇太子亲肇作《宪法十七条》”，这是明确表示它是圣德太子所作的唯一记载。但是，自从津田左右吉提出文中出现的“国司”这个用词有问题以后，人们对《宪法十七条》到底是不是当时制定、起草人是不是圣德太子，提出了许多疑问。现在普遍认可的说法是，它作为推古时期的法典，并没有大的矛盾。例如，第四条是“群臣百寮，以礼为本”，进而第九条是“信是义本，每事有信”。《宪法十七条》规定，在“五常”中，最应重视“礼”和“信”。这种思想与在“冠位十二阶”中把儒家的五个道德准则“仁义礼智信”改成“仁礼信义智”相对应。可以理解为：“信”是“义”之本，因此将“信”置于“义”之前，进而“礼”是“信”“义”之本，因此将“礼”置于“信”“义”之前。两者有思想上的统一性，是不可分割的整体。

从现在来看，其中的一些内容是理所当然。由于在此之前倭国刚刚被隋朝皇帝说“太幼稚”，当时是这等水平，有可能在工作纪律这些方面相当简慢。所以，也许从简单易行的事情开始，较为稳妥。

同样，604年（推古十二年），倭国引入双膝跪倒、双手伏地的跪伏礼，改变了朝礼。接着，605年（推古十三年），强制诸臣穿朝服。总之，推古天皇不断引进古代中国的各种礼仪。这样，日本逐渐建立起能够正式接待外交使节的礼仪。

两年后的607年（推古十五年），推古天皇再次派遣小野妹子等人出使隋朝。当时，据传出自圣德太子之手的国书的开头部分是这样的：

日出处天子致书日没处天子……

据说，这封信令隋炀帝大为不快，吩咐“蛮夷书有无礼者，勿复以闻”。但是，七年前受到像未开化的国家一样对待的倭国，能够有这样的自信，实在令人敬佩。

虽然隋朝皇帝勃然大怒，但最终仍然决定遣使回访。这有可能是隋朝皇帝考虑，当时隋朝与高句丽一直关系紧张，而高句丽与日本素有邦交，如果因为与日本不和，导致隋朝与高句丽的关系恶化，将会引来麻烦。这样，倭国拿着一封可以说是傲慢无礼的国书来碰运气，结果成功地与隋朝建立了邦交。

次年608年（推古十六年），隋朝派遣裴世清等人出使倭国。迎接他们的宫殿正是小垦田宫。据说，使者一行在这里向推古天皇上奏国书，推古天皇在“朝庭”召见他们，让其陈述出使目的。此时，负责引见的是阿倍鸟臣和物部依网连抱二人。裴世清亲持书信，行礼两次，站着陈述了出使目的。接着，阿倍鸟臣走上前去，接过书信。大伴啮连迎出承书，置于大门前几上而奏之，事毕而退。参加仪式的皇子、亲王、大臣都头戴黄金头饰，身着锦、紫、绣、织和五色绫罗。朝服颜色与官帽颜色相配。

这样，日本第一位女天皇在受到外部压力后，励精图治，首次成功地建立了能够与国际上最先进的国家相媲美的体制。当她在王宫的庭院中望着异国使者的时候，恐怕是一种扬眉吐气的感觉吧。自从推古王朝觉醒以后，日本开始有了明确的“国家”意识。

● 建造宫殿的飞鸟地区——倭国都城的开始

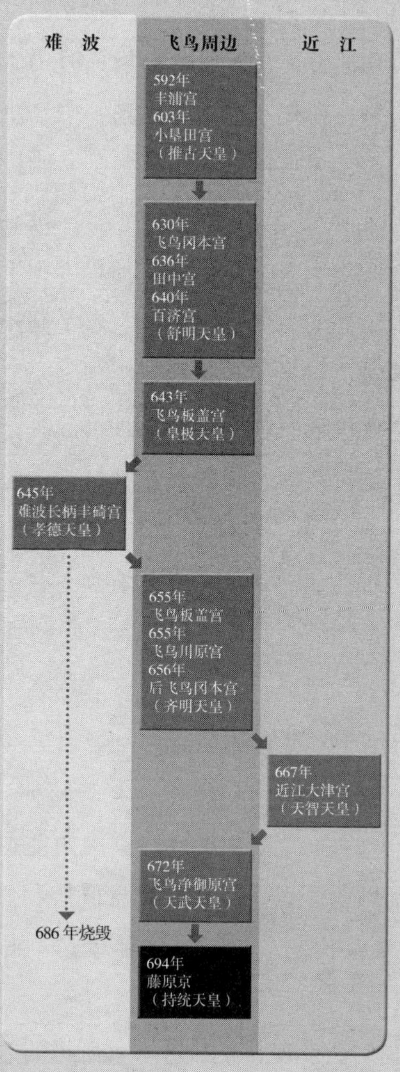

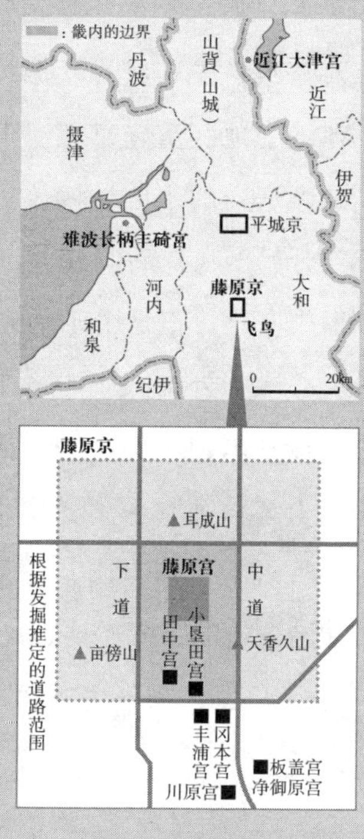

飞鸟时代宫殿、都城的变迁

自推古天皇修建丰浦宫以来，在狭小的飞鸟地区相继修建了许多宫殿。虽然有一个时期在难波和大津修建宫殿，但几乎在100年间，都城都在飞鸟，与中央集权体制共同发展，最终形成了采用条坊制格局建造的都城——藤原京。

推古天皇的小垦田宫后来成为一个具有特殊意义的重要宫殿，飞鸟成为一个特殊的地区。尽管天皇换代时仍然在飞鸟地区重建宫殿，但是在修建了寺庙、广场、市场、漏刻这样的永久性设施以后，飞鸟地区成为倭国都城时代的开始。在此后的100年中，“建造宫殿的飞鸟地区”没有发生变化。正是由于受到600年遣隋使的打击，所以倭国下决心成为外国人眼中一个美好的国家。首先，它着手修建迎接外国使者的宫殿。同时，正是因为隋朝的出现，东亚的力量均衡发生了变化，倭国面临如何应对这种挑战，开始客观地认识自己，而不是“夜郎自大”。在都城的中心建造先进的宫殿，这是足够自信的一种体现。

我想，在各个方面，推古天皇的统治都具有划时代的意义。

古代王权迁都对我们的启示

我们从第一章中奈良的圣武天皇开始，依次向前追溯，回顾了日本宫殿和都城的变迁。最后，我想概括一下它们的要点，思考我们从古代王权的迁都能够学习到什么，作为我们这本书的结尾。

回顾日本的历史，我们会发现，正如这本书所讲的遣隋使、白村江之战那样，日本历史上有几个转折点，都是

“外部压力”成为重大的契机，使国家建设取得了巨大的进展。例如，幕末维新时期的“黑船来航”[1]就是如此。如果没有这起事件，日本也许还沉浸在太平盛世的美梦中，远没有发展成一个现代国家。萨摩藩的萨英战争、长州藩与四国联合舰队之战也是如此。他们有勇无谋地尝试“攘夷”，如果不实际交战，就不会知道自己多么落后、西方列强多么先进。另外，太平洋战争的失败和美国对日本的占领统治也是如此。如果没有这些经历，日本也许就不会经过经济高速发展时期而成为经济大国。

像这样由于外部压力，认识到自己的落后，从而出乎意料地产生巨大的飞跃，这种现象在历史上屡见不鲜。所以，在某种意义上，从后来的走向来看，古代日本遭遇的这些危机也是一种福音。正是由于遭遇这些危机，日本逐渐确立了先进国家的地位。

尽管如此，当时的民众无疑处于一种恐慌的状态，这就会考验领导民众渡过这些危机的领导人的才能。在这样的时候，领导人所需要的，不是迫于压力而唯唯诺诺地服从，而是要拥有坚定的理想、明确的目标和努力的方向，实行相应的改革。如何应对隋、唐这样的超级大国，如何渡过瘟疫、饥荒等灾害？解决这些问题的，是飞鸟、奈良

1 黑船来航：1853年（嘉永六年）美国海军准将马休·培里（也译作“佩里”）率舰队驶入江户湾浦贺海面的事件。

时代的天皇。

推古天皇立志建设一个被其他国家认可的国家，因而开始修建先进的宫殿，作为都城的中心。天智天皇在对外危机的背景下，迁都到大津，因而产生了支持天皇的官僚。天武天皇继承它，试图建造都城，提高天皇的权威，并以之作为以天皇为核心的象征。圣武天皇将政治中心平城京建成佛教中心，领导民众渡过瘟疫等灾难，得到了民众的支持。

综上所述，在古代，都城建设是国家建设的核心。由于都城集中了这个时期最前沿的信息和文化，因此能够反映国家的国力和知识水平。都城可谓是凝聚整个国家的“小宇宙”。对于古代王权来说，都城的变化可以看作是社会变革的风向标。古代王权建设都城，用以展示自己的社会理想，同时进行社会变革。

可以说，在日本古代的历史上，重大的变革都是在反复迁都的过程中完成的。我想，也可以说，正是这样痛苦的变革，产生了千年之都平安京，使社会进入了安定的时期。

反观现代的日本，虽然面临着各种各样的外部压力，但是政治、制度的改革一直停滞不前。其原因是，与以往不同，社会变得复杂了，不同地区、不同职业和行业，有着不同的利益关系，问题极为错综复杂。即使在城市，在国家主权归全体民众所有的今天，可以说，像古代那样唯一绝对的核心象征、标志已经不复存在。例如，在如何重建东日本大地震中受灾城市这个问题上，从防止海啸的角度来说，最好是转移到地势高的地方居住。对于渔民来说，港口附近是比较理想的定居地。因而这个问题牵涉复杂的利益关系。正因为如此，社会需要具有政治抱负的领导人。现在的领导人需要对各种要求和问题取得妥协，调和矛盾。如何实现这种调和？我想，有许多地方应该学习古代，学习古代天皇那样的领导能力和形成支持它的组织。

我想，学习历史，不应当单纯地学习，而应当多方面地思考这些问题，这才是历史的有趣之处。

参考文献

仁藤敦史《为什么迁都？——迁都古代史》（吉川弘文馆）2011

仁藤敦史《女帝的世纪——皇位继承与政治斗争》（角川选书）2006

仁藤敦史《古代王权与都城》（吉川弘文馆）1998

历史学研究会、日本史研究会编《日本史讲座第1卷 东亚国家的形成》（东京大学出版会）2004

历史学研究会、日本史研究会编《日本史讲座第2卷 律令国家的展开》（东京大学出版会）2004

森公章编《日本断代史3 从倭国到日本》（吉川弘文馆）2002

佐藤信编《日本断代史4 律令国家与天平文化》（吉川弘文馆）2002

熊谷公男《日本历史03 从大王到天皇》（讲谈社）2001

渡边晃宏《日本历史04 平城京与木简的世纪》（讲谈社）2001

渡边晃宏《平城京一千三百年"全验证"——从木简解读奈良都城》（柏书房）2010

林博通《大津京研究》（思文阁出版）2001

奈良县立橿原考古学研究所编《飞鸟京遗迹Ⅲ》（奈良县立橿原考古学研究所调查报告：第102册）2008

岸俊男《日本古代宫都研究》（岩波书店）1988

年　表

日本动向		世界动向	
		589	隋朝统一中国
592	推古天皇在丰浦宫即位		
593	厩户皇子（圣德天子）担任“摄政”		
600	派遣第一次遣隋使		
603	迁至小垦田宫。制定“冠位十二阶”		
604	制定《十七条宪法》		
607	派遣第二次遣隋使	607	隋朝制定《大业律》
608	在小垦田宫迎接隋使裴世清		
		618	隋朝灭亡。唐朝建立
		621	高句丽、新罗、百济向唐朝朝贡
		628	唐朝统一中国
630	派遣第一次遣唐使		
645	乙巳之变		
646	颁布《改新诏书》		
		660	百济灭亡
663	白村江之战		

664	颁布《甲子之宣》（冠位二十六阶等） 在筑紫修筑水城		
667	迁至近江大津宫		
668	天智天皇即位	668	高句丽灭亡
670	编制《庚午年籍》		
672	壬申之乱。迁至飞鸟净御原宫		
673	天武天皇即位 此时，正式制定“天皇”称号		
		676	新罗统一朝鲜半岛
681	开始编纂律令和正史		
684	制定八色之姓		
690	持统天皇即位	690	武后称帝，改国号为周
694	迁都至藤原京		
701	完成《大宝律令》		
		705	恢复大唐国号
710	迁都至平城京		
712	完成《古事记》		
720	完成《日本书纪》		
729	长屋王之变		
740	藤原广嗣之乱。迁都恭仁京		
741	颁布《国分寺建立之诏》		

743	颁布《垦田永年私财法》。颁布《大佛造立之诏》		
745	还都平城京		
		751	唐军在怛罗斯之战中败给阿拔斯王朝军队
752	举行大佛开眼供养仪式		
		755	安史之乱（~763年）

图书在版编目(CIP)数据

倒叙日本史.04,平安·奈良·飞鸟/(日)胧谷寿,(日)仁藤敦史著;韦平和译.—北京:商务印书馆,2018
ISBN 978-7-100-15922-7

Ⅰ.①倒… Ⅱ.①胧…②仁…③韦… Ⅲ.①日本—古代史—平安时代(794—1192) ②日本—古代史—奈良时代 ③日本—古代史—飞鸟时代 Ⅳ.①K313

中国版本图书馆CIP数据核字(2018)第044302号

倒叙日本史 04

平安·奈良·飞鸟

〔日〕胧谷寿 仁藤敦史 著

韦平和 译

商务印书馆出版
(北京王府井大街36号 邮政编码100710)
商务印书馆发行
北京新华印刷有限公司印刷
ISBN 978-7-100-15922-7

2018年5月第1版 开本 880×1230 1/32
2018年5月北京第1次印刷 印张 7⅛
定价:45.00元